15 CLAVES PARA UNA
AUTOESTIMA
INDESTRUCTIBLE

Elías Berntsson
Ina Arakchiyska

 MESTAS EDICIONES

PROYECTO
METACRECIMIENTO
Desarrollo Personal y Empresarial

© MESTAS EDICIONES
Avda. de Guadalix, 103
28120 Algete, Madrid
Tel. 91 886 43 80
E-mail: info@mestasediciones.com
www.mestasediciones.com

© Del texto: Elías Berntsson & Ina Arakchiyska

ISBN: 978-84-18765-32-2
Depósito legal: M-21064-2022
Printed in Spain - Impreso en España

Primera edición: *Octubre, 2022*
Segunda edición: *Octubre, 2023*

INTRODUCCIÓN

Imagínate que te levantas por la mañana, vas al cuarto de baño, te lavas la cara, y de repente te miras al espejo, ves tu imagen ahí reflejada delante de ti. Pero esta vez no ves lo que sueles ver, no piensas lo que solías pensar, no vienen a tu mente un torrente de pensamientos perturbadores, agonizantes, o negativos sobre ti. ¿Qué ha ocurrido? ¿Dónde están tus miedos? Ya no están ahí porque has aprendido a amarte como eres, ya no eres el que eras, ya no sufre tu conciencia porque hoy es un nuevo día, un día lleno de ilusión.

Después de tantos años de no aceptar tu imagen, de creerte inferior, de menospreciar tu forma de ser, ves claramente tu nueva imagen. Eres tú, solo tú, único, tú y este planeta, hermoso, perfecto, así como eres. Justo, así como eres, sabes que tienes todo un mundo por delante que descubrir, tantas posibilidades, tanta magia y diversión. Y todo eso puedes alcanzarlo porque ahora sabes que tienes un potencial ilimitado, sabes que puedes alcanzar lo que te propongas. Todo esto lo has pensado por mañana, justo antes de bajar y prepararte el desayuno.

Esto que acabas de leer, puedes conseguirlo tú también, puede ser una realidad para ti, puedes mejorar tu autoestima y tenerla sana a pesar de lo que hayas o estés viviendo, ¿Por qué lo sé? Porque yo tuve una experiencia muy dura en mi adolescencia y he experimentado este cambio en mi vida, no te voy a decir que fue fácil, requirió trabajo por mi parte, pero al final lo logré.

En este libro quiero compartir contigo estrategias y ejercicios que yo personalmente he utilizado para sanar mi autoestima, al final lo conseguí, y asimismo tú lo puedes conseguir. Ina como psicóloga y yo como la voz de la experiencia hemos confeccionado este manual especialmente para ti. No importa si eres hombre o mujer, alto, bajo, gordo o delgado, no importa si perdiste el rumbo, no importa si tu vida ya no tiene sentido para ti, tu puedes aceptarte y amarte, puedes mejorar tu autoestima y descubrir el significado de la palabra libertad.

Te doy la más sincera y cordial bienvenida al curso "15 Claves Para Una Autoestima Indestructible", estoy muy contento de que hayas tomado la decisión de cambiar tu vida para mejor, Ina y yo te vamos a guiar a través del curso; acompáñame y recorrámoslo juntos. Por favor, pon mucha atención a toda esta información que vamos a compartir contigo.

Tu amigo,

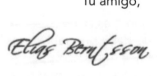

GUÍA DE INICIO

Este libro está dividido en 3 partes:

1ª– Módulos 1 al 5
2ª– Módulos 6 al 10
3ª– Módulos 11 al 15

Cinco módulos por cada parte, con el propósito de poder reflexionar lo leído y poner en práctica lo aprendido de una forma más amena y efectiva.

Cada módulo tiene su respectiva "Historia Real", donde podrás ver la evolución favorable de una persona que viene a la consulta de Ina con un determinado problema. Hemos incluido estas historias para motivarte, porque creo que siempre se encuentra inspiración en un caso real. Ina como psicóloga, nos muestra cómo sus pacientes resurgen de sus cenizas y comienzan a ver la nueva vida que tienen por delante.

Al final de cada parte tendrás lo que yo llamo un "Objetivo Final", donde aprenderás más en detalle que hacer y cómo poner en práctica lo que has leído y aprendido en esos 5 módulos. Con sus respectivos PASOS A SEGUIR que he preparado especialmente para ti y que vienen de mi propia experiencia personal, donde aprendí de qué manera poder cambiar permanentemente mi forma de pensar y anclar los pensamientos correctos que me permitieran mantener una buena autoestima. No solo como un alivio momentáneo, sino como un cambio que permaneciera.

Ahora bien, a modo de introducción, la forma de ver y realizar este curso es la siguiente:

Antes que nada, necesitas una libreta especial, esta libreta va a ser la libreta que te acompañe siempre que necesites apoyo, seguridad y guía. Ponle un título motivador como: "Libreta de Triunfos", "Mi nuevo yo", "Mis pasos hacia la libertad", por ejemplo. Compra o consigue esa libreta porque va a ser un guía muy personal que te va a aconsejar en momentos difíciles y va a reafirmar en tu mente todos tus logros personales y cambios positivos. Guárdala bien, en un lugar seguro, en un sitio íntimo.

Mientras estés leyendo el libro, te aconsejo tomar nota de lo que vayas aprendiendo durante la marcha, aquello que consideres importante para ti. Puedes hacerlo o simplemente leer cada parte del curso hasta llegar al objetivo final, allí sabrás en detalle lo que hacer.

¿QUIÉN ES ELÍAS BERNTSSON?

Voy a contarte un poco acerca de mí, nací en Málaga, al sur de España, a la edad de 20 años decidí aprender mi idioma paterno y por ello me fui a vivir 4 años a Suecia, estudié piano en la universidad popular de Uddevalla (en Suecia), grabé dos discos de piano y cuando volví de nuevo a España decidí seguir con mis estudios de comercio a través de internet, actualmente me dedico a los negocios online.

Me considero una persona alegre y siempre optimista, alguien a quien le encanta disfrutar de los pequeños detalles de la vida, los que hacen sentirte bien y te dan inspiración. Soy alguien que tiene grandes sueños y que no va a parar hasta alcanzarlos, sigo la magia de esta frase: *Si te lo propones, puedes conseguirlo todo.*

Tuve una infancia buena y feliz hasta que comencé el instituto, allí los gamberros se metían con todo el mundo. Afectó algunas áreas de mi vida hasta el punto de yo mismo creerme todas sus mentiras, y ese fue el mayor error que cometí, porque después de que ya nadie dijera nada en contra de mí, yo seguía repitiéndome frases autodestructivas. Empecé a tener muy baja la autoestima, a hablar poco, a odiar mi imagen reflejada, a no defender mi opinión, y a considerarme inferior a los demás.

Mi mente destruía todo lo bueno que antes veía en mí, no sabía por qué, pero siempre me venían palabras o frases como feo, eres inferior, perdedor, no estás a la altura, tonto... así por varios años hasta el punto de no querer salir de casa y ser antisociable. Con los años y con esfuerzo por mi parte, aprendí la lección más importante de mi vida y que nunca olvidaré: *Nadie puede saber cuánto valor tienes, solo tú mismo*, empecé a leer libros, a escuchar psicología, a hablar con mi familia sobre ello, y después de sacar todo lo que llevaba dentro, de expresar mis emociones, aprendí a valorarme como soy, a respetarme y a ser amigo de mí mismo. Empecé a decirme cosas bonitas, a ser amable conmigo y a aceptarme como era. Entonces me entró entusiasmo por la vida y el deseo de descubrir algo nuevo cada día.

Por ello y desde mi experiencia vivida decidí crear este curso junto con mi amiga psicóloga Ina Arakchiyska, para que desde mi experiencia personal combinada con los conocimientos de Ina, te toque la esperanza y empieces a ver una luz en el camino de tu vida. Porque como yo, tú también puedes superarlo y ver tu existencia con diferentes ojos, a través del amor propio, el autorrespeto y la autovaloración.

¿QUIÉN ES INA ARAKCHIYSKA?

Ina tiene un máster en psicología familiar y juvenil. Tiene una consulta privada desde hace 8 años donde asesora en la actualidad a familias con y sin hijos, parejas no casadas, personas particulares, y niños. Cada día trata de ayudar a este tipo de personas a alejar de ellos su sufrimiento cambiando sus hábitos y manera de ver la vida.

Estudió psicología en la universidad Southwestern de Bulgaria, y más tarde completo sus estudios como psicóloga de consulta en la universidad de Plovdiv, ciudad popular del mismo país. También participó en un estudio para la ayuda psicológica alternativa, donde estuvo empleada una temporada.

Es una orgullosa madre de dos hijos y una mujer ambiciosa con ideas poco convencionales y extravagantes. Es una persona con mucha energía, de espíritu libre, y siempre con ganas de alentar y ayudar a quienes realmente lo necesitan.

MÓDULO 1

VENCIENDO LA INSEGURIDAD

La Inseguridad es un sentimiento que te hace dudar de ti mismo y de tus habilidades. Se interpone en tu desarrollo social o profesional y puede ser provocado por distintas razones:

- Ser criticado por alguien importante para ti (madre, padre, hermanos, etc.).

- Inseguridad sobre tu futuro.

- Un despido o falta de trabajo.

- Dudas.

- Desear un cambio.

- Falta de experiencia en la vida.

- Falta de información suficiente a la hora de tomar decisiones.

- No conocer tus cualidades y habilidades.

- Miedo a la opinión de los demás.

- Incapacidad o falta de conocimiento en nuestra forma de comenzar una conversación o una relación (no saber cómo hablar con personas del sexo opuesto y ese tipo de cosas).

La mayoría de las veces, la inseguridad está relacionada con las habilidades sociales y la participación en el entorno social. Cuando sientes inseguridad, te cuesta comenzar nuevas actividades, tomar decisiones cuando hay un problema, empezar un nuevo trabajo, acabar un proyecto... Una de las razones para sentirse inseguro en la vida es la presencia de baja autoestima.

¿POR QUÉ LA BAJA AUTOESTIMA TE HACE INSEGURO?

La autoestima se basa en tus habilidades personales, tus cualidades, tu capacidad de cambiar de actitud en ciertas situaciones, tu capacidad de controlar una determinada situación, las ganas y capacidad de mejorar en el trabajo, etc. Si no eres capaz de valorar tus cualidades y ver lo importante que eres, entonces tienes baja estima.

Normalmente, te vas a sentir inseguro de tus habilidades y vas a tener dificultades cuando te enfrentes a desafíos en la vida porque no eres consciente de que tienes todas las herramientas necesarias para llevar una vida normal.

Los síntomas de la baja autoestima suelen ser más comúnmente la indecisión, innumerables miedos, miedo a dar el primer paso, etc. También, la baja autoestima puede ser causada por la falta de motivación, insatisfacción en general, no saber ver las cosas desde otro punto de vista o no conocer tus propias habilidades.

La baja autoestima es la principal fuente de la inseguridad en tu vida. Mientras tengas baja estima, dudarás constantemente de ti mismo y estarás asustado de comenzar cualquier actividad o relación. Este miedo impide que muestres tus habilidades y que organices tu vida según tus propios deseos, necesidades y sueños. Así, por supuesto, te vuelves inseguro y tímido en tu relación con los demás, lo que te hace caer en un círculo vicioso del que aparentemente parece muy difícil salir, pero que es posible. Solo necesitas asumir la iniciativa y permitirte a ti mismo pensar que eres una persona emocional y psicológicamente fuerte.

¿CÓMO DERROTAR A LA INSEGURIDAD?

Para poder combatir la inseguridad en tu vida, primero necesitas conocerte a ti mismo y crear una imagen real sobre ti, tus habilidades y tus capacidades. Necesitas encontrar tus propios métodos para incrementar tu confianza. Esto cambiará tu autoestima, ¡porque todos tenemos cualidades que nos hacen únicos!

A continuación te mostraré unos pasos a seguir que pueden ayudarte a derrotar tu inseguridad, medítalos y léelos las veces que sean necesarias, porque de lo que se trata es de cambiar tu forma de pensar que hasta ahora no te ha hecho ningún bien:

1. ¡Encuentra la fuente de tu inseguridad!

Cuando encuentras la verdadera causa de tu inseguridad, entonces puedes atacarla directamente, esta historia muestra a alguien que encontró la fuente:

"Juan siempre tuvo miedo de mirar un río desde un puente, tenía un vago recuerdo de su madre sentándole en la mesa de la cocina y del miedo que tenía de caerse al suelo por lo alto que estaba. Un día alguien le dijo que si encontraba la raíz de su problema con los puentes y le plantaba cara, seguramente el problema se esfumaría.

Dicho y hecho, Juan, en un arrebato decisivo subió a la mesa de su propia cocina en su casa, y sin nadie que lo observara, bajó de la mesa muy, muy lentamente sin ayuda de nadie. Ya no era un bebé, y el simple hecho de haber bajado por primera vez de una mesa sin el recuerdo de que alguien le ayudara, solucionó su problema. Encontró la fuente, encaró el problema, y lo venció. La próxima vez que Juan estuvo en un puente, no tuvo ningún problema en disfrutar de la vista de un hermoso río".

2. Cree en tu "fuerza interior" a pesar de las dudas, miedo al fracaso y al dolor que supones que vas a sentir.

Dudas, miedo al fracaso y dolor emocional son emociones humanas naturales cuando te enfrentas a una situación nueva y poco familiar. Ten en cuenta que cualquier cambio provoca una sensación de inseguridad y preguntas del tipo:

¿Lo hago o no lo hago?

¿Es esto para mejor?

¿Seré feliz?

¿Seré capaz de superarlo si fracaso?

Repito: es normal que vengan esas preguntas a tu mente, aunque sea por el instinto que tenemos y con el que nacemos de autoprotección. PERO en tales momentos puedes probar a relajarte, respirar profundamente, y buscar la fuerza en tu interior. ¡Tienes que tener bien claro que posees el poder psicológico y emocional para superar tu inseguridad!

3. Piensa en las consecuencias, pero no dejes que eso te absorba.

Las consecuencias de tus acciones son inevitables y es mejor saber que siempre las habrá, PERO considera el hecho de que si te sientas a esperar a que las cosas ocurran por sí solas y te cruzas de brazos por miedo a las "consecuencias", te perderás muchos momentos inolvidables.

Siempre habrá consecuencias, lo importante es cómo vas a reaccionar ante ellas. Siempre puedes suponer que habrá por ejemplo 5 consecuencias de una de tus acciones, pero cuando las realices, ¡siempre habrá una sexta consecuencia que te tomara por sorpresa! ¿Y entonces qué pasa? ¡NADA!, pero ya habrás dado el paso más importante: Superar la inseguridad habiendo tomado acción. Y la consecuencia número 6 será la prueba de tu fortaleza espiritual.

4. Tu inseguridad cobra sentido.

La inseguridad impide tu desarrollo aunque también puede provocar que tomes acciones, ¡en tus manos está elegir cuál de las dos prefieres que sea el conductor en tu vida! Tu inseguridad cobrará sentido en la medida en que te ayude a ser consciente de tus errores actuales y corregirlos para que no te causen daño en el futuro. La inseguridad puede motivarte a tomar acción ayudándote de este modo a realizar cambios en tu vida con más cuidado y concentración.

5. La actividad física ayuda a sobrellevar la inseguridad.

La inseguridad disminuye tu actividad y motivación, crea miedo y dudas sobre tus habilidades. Te hace pensar que sentarse y no hacer nada es más fácil que hacer cualquier otra cosa, pero si lo que quieres es superar esa inseguridad TIENES que mirar "cara a cara" a tus miedos y dudas.

Tienes que demostrarte a ti mismo que eres capaz de alcanzar tus metas.

La mejor manera de construir tu personalidad y carácter, de aprender a ser disciplinado y de aumentar la confianza en ti mismo es a través del deporte. Sin importar el deporte que elijas (elige uno en el que disfrutes como un niño) es importante que seas sistemático y estés motivado con él para enfrentarte a los retos y metas que ese deporte te aporta. Por supuesto, si no eres una persona muy deportista, deberías escoger una meta que te estimule y a la cual te entregues por completo. Disfruta y sé el mejor en ese deporte, tu inseguridad disminuirá notablemente.

CONSEJOS PRÁCTICOS

Ahora una serie de consejos prácticos, si los aplicas en tu día a día pueden ayudarte a resolver tus problemas de inseguridad. Te recomiendo que te los aprendas de memoria, es muy fácil leer pero más aun olvidar y seguir con tu rutina autodestructiva. Es muy importante la práctica en todo lo nuevo que aprendes, leer y luego no hacer nada no tiene sentido. La práctica, la acción, marcará una diferencia en el antes y el después si de verdad quieres un cambio, tenlo presente:

1. ¡Empieza por pensar que eres una persona capaz!

Este ejercicio puede mantenerte motivado, y la motivación hiere a la inseguridad. En primer lugar, ponte tareas que te sean fáciles de realizar, como por ejemplo crear algo con tus propias manos, aprender un baile, pintar un cuadro, empezar una conversación con un desconocido, escribir un relato fantástico, aprender una canción, etc.

ELÍAS BERNTSSON e INA ARAKCHIYSKA

Lo importante es que te centres en alguna habilidad que no creas tener.

Es mejor que tu objetivo lo puedas alcanzar en un plazo de tiempo corto, así podrás ver los resultados antes, luego ponte tareas cada vez más difíciles, que requieran más tiempo, más concentración y dedicación (cada persona debe elegir una actividad en función de sus necesidades actuales, personalidad y motivos de sus miedos).

2. Mira el lado positivo de todo, incluso en una situación desesperada.

Intenta pensar de tal manera que ignores los pensamientos negativos. Podrías hacerlo así: cuando estés en una situación en la que te vengan dudas e inseguridad, escribe en una página en blanco una descripción de la situación. Hazlo lo antes posible, si en ese momento no puedes, espera hasta llegar a casa. Puede que te parezca una tarea pesada y poco divertida, pero simplemente hazlo sin pensarlo.

Luego, evalúa la situación. En la mayoría de los casos esta evaluación se fundamentará en pensamientos negativos. Después de un rato (unos minutos o una hora) escribe un pensamiento positivo a cada pensamiento negativo que hayas descrito. Cuando veas tus pensamientos escritos de esa manera, encontrarás que el pensamiento positivo es más útil y provechoso, lo que te ayudará a acabar con el miedo y la inseguridad. El pensar positivamente te da una razón para actuar y ambición para alcanzar tus metas.

3. Piensa en las alternativas. Un problema tiene muchas soluciones.

Intenta no frenar tus pensamientos aceptando la primera solución a un problema que te viene a la cabeza. Mira el problema desde tantos puntos de vista como puedas, coméntalo con algún amigo, familiar o alguien de confianza para ti, cuantas más opiniones mejor. Así tu problema se verá cada vez más pequeño y podrás elegir la forma más apropiada de resolverlo.

4. Sé útil para los demás.

Cuando ayudas a otros a solucionar sus problemas ganas más autoconfianza. El sentir que eres útil para alguien más inevitablemente te ayuda a superar tu inseguridad. Una buena disposición y buena actitud con otras personas te ayudará a entender que eres una persona que tiene algo que ofrecer al resto.

"Al dirigir nuestra energía y atención hacia fuera, ayudando a otros, el reflejo nos será devuelto. Y cuanta más energía proyectemos hacia las necesidades de los demás, tanto más recibiremos. Este es el estado del flujo, que podemos controlar. Si su energía y atención se centran en el prójimo, entonces usted prosperará. ¡Lo que busca, vendrá hacia usted!"

Vincent Roazzi

5. Sonríe tanto como puedas.

La sonrisa es la manifestación física de la alegría y la felicidad. Mientras sonríes te cargas de energía positiva, lo cual te da más confianza. La gente que te vea probablemente responderá de igual forma a tu sonrisa y ello te hará sentir aún mejor.

La inseguridad es un sentimiento normal para todos. Todos tienen momentos en los que dudan ser capaces de hacer una u otra cosa. Pero la sensación de inseguridad no debe transformarse en el centro de tu vida, no debes permitir que sea eso lo que guíe tus pasos. Mira dentro de ti y te darás cuenta de que eres tú quien tiene la fuerza suficiente para sacar la inseguridad de tu propia vida.

LA HISTORIA DE MARÍA

María es una mujer de 29 años que tenía un trabajo bien pagado y una familia estupenda hasta hace poco. Cuando visitó a Ina en su consulta la primera vez, hablaba con mucho cariño de su marido y del maravilloso hijo que tenían, pero la historia que contó la última vez que se encontraron era oscura y llena de dolor:

"¡Me estoy divorciando!" fue lo primero que le dijo "Resulta que mientras yo luchaba con uñas y dientes por tener una carrera exitosa y por criar a nuestro hijo de la mejor forma, ¡mi esposo me engañaba! No me dolió tanto el que lo haya hecho, es comprensible hasta cierto punto, ya que no le prestaba mucha atención por todo el trabajo que yo tenía, fui la última en enterarme. Hasta tuvo el descaro de presentar a nuestro hijo a esa mujer que, en mi opinión, ha destruido la idea que tiene mi hijo de lo que significa una familia.

La verdad es que es todo mi culpa, ahora que lo pienso entiendo que con su actitud y su comportamiento me mostraba que algo iba mal y no presté atención a las señales. Ahora hasta el me culpa de que tengamos que terminar nuestra relación".

De pronto María había perdido su sueño ¡tener la familia perfecta! Poco a poco se fue volviendo nerviosa, impaciente, había empezado a perder la calma más a menudo que antes e incluso sin motivo, empezó a tratar mal a su hijo y a aumentar las horas de trabajo. Su vida había experimentado un cambio total y no supo cómo adaptarse a su nueva situación. Todo ello la llevo a dudar de sí misma, de su habilidad de ser una buena madre y empleada, y encima, le hizo dudar de que fuera capaz de amar.

La inseguridad que apareció en su vida tan de repente, le hizo cometer un montón de errores de los que se dio cuenta después. Empezó a tolerar mucho el comportamiento de su hijo, porque supuso que sufrió demasiado con la separación de sus padres, después de todo, ella creía que todo era por su culpa. María empezó a llevar tareas más sencillas en el trabajo porque sentía que no era capaz de hacerlas bien. Empezó un régimen que incluía solo ir a trabajar e ir a casa a cuidar de su hijo. Ignoró por completo su vida social porque pensó que lo único que podía hacer era herir a los demás. La inseguridad de María la hizo una persona muy reprimida, antisocial e infeliz.

Pero el cambio vino de una forma imprevista cuando su hijo un día, le dijo que era la madre más maravillosa del mundo y que la quería incluso más que a su padre. En ese momento se dio cuenta de que cometer un error ES HUMANO, y que los errores están ahí para aprender de ellos. También se dio cuenta de que la mujer fuerte y perseverante que había sido antes de la ruptura estaba escondida dentro de ella, aún estaba allí. Encontró en su interior la fuerza y no se rindió ante las desgracias de la vida.

MÓDULO 2

SUPERANDO LA BAJA AUTOACEPTACIÓN

La autoaceptación es el componente principal de la auto-estima así como del autorrespeto. La autoaceptación representa el grado en el que te gusta, amas y apruebas tu propia personalidad incluyendo lo físico, inteligencia, habilidades y cualidades. También incluye la aceptación de las características positivas y negativas de tu persona-lidad.

La formación de la autoaceptación se basa en la infancia de cada persona, cuando el niño está fuertemente influen-ciado por la valoración de sus compañeros y padres. Sobre la base de su evaluación, el niño empieza a aprobarse o desaprobarse a sí mismo. Durante las siguientes etapas de nuestra vida, empezamos a formar y a mantener una autoaceptación, pero en nuestra base hay aún normas y estereotipos sociales a los que nos aferramos.

Aceptarte a ti mismo influye mucho a tu mente, tu comportamiento, y las decisiones que tomas a diario. Es fundamental para tus relaciones sociales y para construir tu propia felicidad como parte de un todo. La autoacep-tación no consiste solamente en decir "Hoy me gusto a mí mismo" sino más bien en decir "Me gusta mi persona-lidad, mi alma, mi imagen y las acepto". Tener una cons-ciencia real y conocer perfectamente tu personalidad es la base de la autoaceptación. Solo cuando te conoces muy bien puedes aceptarte a ti mismo totalmente.

¿POR QUÉ AFECTA UNA BAJA AUTOACEPTACIÓN A TU AUTOESTIMA?

Como ya hemos dicho, la autoaceptación es la parte principal de la autoevaluación que tenemos hacia nosotros mismos, la cual influye mucho en su formación y mantenimiento. Cuando no te aceptas, cuando no te gustas a ti mismo o no te gusta algo acerca de ti, no aprecias tus cualidades y habilidades de forma positiva y no te aceptas así como eres, entonces toda tu autoevaluación es baja.

Las razones de la baja autoaceptación pueden ser muchas y muy variadas, como por ejemplo: el reproche de tus padres, cumplir con requisitos demasiado exigentes para ti, amigos malintencionados y conocidos que solo destacan tus debilidades, insatisfacción de tus necesidades personales o de tu personalidad, etc. Si has sido insultado e infravalorado en tu infancia, es una señal de que no has sido amado y de que no has recibido ninguna valoración.

A su vez, esto te mostró que tus deseos y tus sentimientos no eran importantes para los demás y fueron ignorados. Has crecido con la creencia (consciente o no) de que todo era por tu culpa, que tú provocabas la mala actitud que tenía el resto contigo y de que no tienes ningún valor. Probablemente piensas que eres muy diferente, inferior, más feo, y desagradable para el resto. A veces puedes llegar a pensar que si alguien te conociera, no le gustarías. Todo eso se debe a un bajo nivel de autoaceptación, lo cual determina que tu aprecio por ti mismo sea también muy bajo.

He aquí dos ejemplos de la reacción consciente e inconsciente de alguien con una baja autoaceptación:

1. Tratar de hacer todo perfecto: que tu vida entera consista en tener la casa muy ordenada, en parecer muy ordenado y pulcro, ser

perfecto en el trabajo y en tu relación con tus colegas.

2. Exactamente lo contrario a lo anterior: te vuelves totalmente despreocupado de los estereotipos y hábitos porque estás seguro de que, de cualquier forma, eres incapaz de hacer las cosas como deberías.

¿CÓMO SUPERAR LA BAJA AUTOACEPTACIÓN?

Superar una baja autoaceptación puede lograrse si miras dentro de ti mismo, cuando empiezas a conocerte y a gustarte a ti mismo. Se trata principalmente de tu YO más profundo, de encontrar y conocer tus cualidades y habilidades, de revelar tus miedos y superarlos, de CONOCER TU ALMA. Por supuesto, esto no significa que debes descuidar tu físico, pero cuando te sientas hermoso por dentro, así te verás por fuera.

A continuación te muestro unos pasos a seguir que pueden ayudarte a derrotar tu baja autoaceptación, medítalos y léelos las veces que sean necesarias hasta que te habitúes a tus nuevas y renovadas creencias:

1. Cree en tus propias habilidades.

Todo el mundo tiene habilidades, cualidades y destrezas que nos hacen individuos importantes y únicos. Tu primer paso para superar la falta de autoaceptación es creer que tú también tienes habilidades que te hacen un individuo excepcional. No importa en qué área demuestres tu habilidad. Es importante experimentar hasta dar con ello en lo que eres bueno. Y es bueno también que no te acobardes ante los primeros fallos (si es que los hay) y no empieces a pensar que eres alguien incapaz. Será mejor que pienses que aún no has determinado la forma correcta de demostrar tus habilidades. Y créeme, cuando descubres tu vocación, sin duda alguna te ayudará a aceptar y a apreciar tus habilidades de una forma más positiva.

2. Dirige toda tu atención y confianza a tus puntos fuertes.

Cuando eres útil para ti mismo y para los demás, con tus acciones, comportamiento, sentimientos y emociones, entonces serás capaz de ver tus puntos fuertes más fácilmente. Las personas son "animales sociales" y necesitan comunicarse. La comunicación y el resultado de esta hacen que seas capaz de apreciar y aceptar tus puntos fuertes. Por supuesto, con esto no quiero decir que no sufrirás la desaprobación en algún punto de tu personalidad, pero sería mejor que lo encajaras como una "crítica constructiva" por llamarlo de alguna manera. Usa la crítica como motivación para ir en busca de tus puntos fuertes y mostrarlos al mundo.

Desafortunadamente, el mundo siempre se divide en bueno o malo, blanco o negro, aceptable o inaceptable, etc. Y lo mismo con los puntos fuertes de tu personalidad. Debes ser consciente de que tus puntos fuertes pueden ser evaluados de forma negativa por una comunidad si no concuerdan con sus estereotipos (su modelo de lo que es correcto), en este caso, mantente firme, porque no todo el mundo puede entendernos, siempre hay alguien con puntos de vista diferentes, y eso es normal.

3. Cree en el balance positivo.

Este es el momento cuando empiezas a cuidar de tu personalidad y a formarte una opinión de ti mismo. ¿Qué pasará si la opinión es negativa? Pues que profundizas cada vez más y más en la pobre y negativa autoaceptación y cierras un círculo vicioso de actitud negativa para contigo mismo. ¿Pero qué es mejor hacer entonces? Al principio, empieza a mirar tu personalidad con un enfoque positivo. Al menos al principio, no te permitas tener el más mínimo pensamiento negativo sobre tu personalidad, concéntrate solo en lo positivo.

De esta forma, con una actitud positiva serás capaz de hacer una evaluación de ti más fácilmente. Por supuesto que no quiero decir que no tengas rasgos negativos, pero pensaremos en ellos más adelante, cuando tengas muchas valoraciones positivas sobre ti mismo, para así tener un equilibrio. Y a su vez, podrás usar tus rasgos negativos para regular tu comportamiento y no pensar que son defectos.

4. Aprende a comprender tus emociones y a mostrarlas.

Un error general que mucha gente comete es que no pueden y no quieren expresar sus sentimientos, y lo que pasa es que algunos sentimientos fuertemente encerrados dentro de ti pueden destruirte. Pero antes de hablar de expresar tus sentimientos, deberíamos prestar atención a reconocerlos. Una persona cuya autoaceptación es pobre es probablemente alguien con un pobre conocimiento de sí mismo o alguien que no le gusta como es.

Si consideras que entras en esta categoría, esto es lo que puedes hacer: juega con tus sentimientos. Con esto quiero decir, que conscientemente, vivas diferentes situaciones y de esta forma experimentar sentimientos diferentes.

Por ejemplo:

Imagina que ves a una pareja caminando de la mano y besándose. ¿Qué sientes al ver eso?, ¿alegría?, ¿felicidad?, ¿envidia?, ¿odio?, ¿indiferencia?, ¿o qué? Ahora imagina que eres capaz de expresar todas esas emociones: un gesto de reproche con la mano, una sonrisa, una cara burlona, etc.

Aquí es importante reconocer los sentimientos provocados por las situaciones a tu alrededor y expresarlos. Los medios para expresarte es lo importante (a menos que sean hirientes para alguien) lo importante es que liberes esos sentimientos, asimismo, serás capaz de librarte de los sentimientos negativos que sientes respecto a ti y de remover la influencia negativa que ejercen en tu mentalidad y tu personalidad.

5. Descubre tus necesidades y deseos.

Muy a menudo las personas con una baja autoaceptación o una pobre autoevaluación usan frases del tipo "yo no necesito nada" o "no sé lo que quiero". ¡Y esto se debe otra vez al hecho de que no se conocen a sí mismos! Intenta definir tus necesidades y satisfacerlas. Debes empezar a luchar por lo que quieres y expresarle al mundo que se haga a la idea. Satisfacer tus necesidades y cumplir tus deseos te ayudará a que NO retengas los sentimientos negativos de necesidades insatisfechas dentro de ti.

CONSEJOS PRÁCTICOS

Toca el turno a los consejos prácticos, si los aplicas en tu día a día pueden ayudarte a resolver tus problemas de autoaceptación. Te recomiendo de nuevo que te los aprendas de memoria, es muy fácil leer pero más aun olvidar y seguir con tu rutina autodestructiva.

Te repito como en el capítulo 1: es muy importante la práctica en todo lo nuevo que aprendes, leer y luego no hacer nada no tiene mucho sentido. La práctica, la acción, marcará una diferencia en el antes y el después si de verdad quieres un cambio:

1. Empieza a llevar un diario.

El propósito de un diario es anotar todos los sentimientos positivos que experimentes, todos tus éxitos, todas tus relaciones positivas que tengas con el resto de la gente. En base a este diario, serás capaz de hacer una evaluación positiva de ti mismo y a empezar a aceptarte.

2. Desarrolla tu talento, habilidades e intereses.

Cuando hayas pasado la etapa de descubrir y creer en tus propias habilidades, pon esfuerzo en mejorarlas. Busca información en libros, publicaciones, artículos, etc., con lo cual ganarás más conocimientos, y podrás ponerlos en práctica. De esta manera podrás creer que realmente tienes habilidades y de que son una parte positiva de tu carácter.

3. Repite pensamientos positivos.

Los pensamientos positivos son una fuente de energía y un medio siempre disponible para expandir aún más tu autoaceptación. He aquí unos pocos ejemplos que pueden ser útiles: "soy capaz", "puedo hacerlo", "eso está a mi alcance", "quiero hacerlo", "soy bien acogido", "puedo conseguir todo lo que me proponga".

4. Acepta una actitud positiva hacia ti.

Lo que quiero decir con esto es que aceptes una evaluación positiva de los demás hacia ti, y no negarlas.

Ejemplos de negación:

"¡Eso es ridículo!, Yo no soy guapo/a", "¿qué quieres decir con que estoy estupenda?, ¡Mira lo gorda que me hacen estos pantalones!", "¿Qué lo he hecho bien?, ¿No ves lo mucho que me falta para acabar de arreglar el coche?", etc.

Aprende a aceptar los cumplidos de otra gente, así podrás ver tu personalidad de forma positiva.

5. Busca la fuente.

A menudo la "voz interior" te dice cosas como: eres incapaz, que no puedes hacer nada en tu vida, que no eres alguien de calidad. Es en realidad la voz de tu madre, tu padre, tu abuela, algún amigo o conocido, ¡pero NO la tuya! A pesar de que la autoaceptación está parcialmente basada en la opinión de otras personas sobre ti, hay que aprender a ignorarlas y escuchar tus propios pensamientos y juicios sobre ti mismo.

LA HISTORIA DE MIGUEL

Miguel era un joven de 23 años que trabajaba de obrero en la construcción. Desde que era un niño y en su adolescencia soñaba con ser arquitecto, así que intento entrar a la universidad pero no tuvo éxito. A su cuarto intento, su madre y su padre le dijeron que lógicamente no era bueno para nada más que "limpiar retretes". Consideraron que no tenía otra habilidad y decidieron hacerle trabajar en la construcción.

Pocos meses después, todo en la vida de Miguel se fue abajo, primero, perdió todas sus comodidades, luego a su novia, empezó a evitar a sus amigos y todo lo que le quedó era su trabajo, el cual hacía a disgusto. Todos los eventos negativos en su vida eran resultado de creer las palabras de sus padres, y empezó a creer que él era en realidad un perdedor y que nunca cumpliría su sueño.

El momento crucial en la vida de Miguel, fue cuando el arquitecto encargado visitó el edificio en construcción para supervisar la obra. Sin darse cuenta, Miguel expresó su opinión sobre unos errores en la estructura del bloque en construcción. Por supuesto, lo primero que hizo el arquitecto fue insultarle y luego decirle que se apartara de su vista, pero unas horas más tarde, el mismo arquitecto llamó a Miguel para que le contara cómo se había dado cuenta de esos errores. Miguel le explicó que siempre había deseado ser arquitecto y que hace unos meses había estado leyendo todo acerca de la profesión.

El arquitecto le preguntó por qué no estaba estudiando arquitectura, puesto que tenía talento para ello, y entonces Miguel le contó su historia. Dos meses después, Miguel ingresó en la universidad para estudiar arquitectura, y eso le demostró a él mismo que realmente tenía talento.

Miguel necesitaba la pequeña confianza que el arquitecto tuvo en sus habilidades, para que así pudiera mirar dentro de sí mismo y reevaluar su personalidad. Así pudo entender que era un joven valioso y capaz, con la fuerza para construir su futuro de acuerdo a sus sueños, deseos y necesidades y que solo necesitaba aceptar lo que siempre había estado dentro: "él mismo".

MÓDULO 3

APRENDIENDO A SER SOCIAL

Ser social es un proceso de interacción entre el humano y todos los elementos del ambiente social a su alrededor. Como resultado de esta interacción la persona aprende a regular su conducta a los valores culturales y normas sociales. La socialización es también un proceso dinámico de integración a la sociedad humana, ocupación de una parte del sistema social, y grupos comunitarios. Los frutos de la socialización son el desarrollo social, la formación y la mejora de la personalidad. El desarrollo social se logra a través del uso de normas y valores sociales, y también superando las contradicciones entre los valores individuales y los valores sociales.

Ser alguien socialmente activo significa interactuar con el ambiente material y espiritual. La interacción es principalmente expresada mediante la comunicación con gente de diferentes escenarios. La habilidad para comunicarse se construye desde la infancia mediante la comunicación emocional o el lenguaje.

Hay mucha gente que, por alguna razón, no aprende a comunicarse, lo cual obstaculiza al menos en parte el desarrollo de su personalidad. El hombre necesita comunicarse, pero cuando no ha perfeccionado sus métodos de comunicación, se transforma en un "lobo solitario" cerrado, frustrado e incluso asustado de comunicarse con más gente. Todos esos rasgos pueden ser transformados en cualidades personales que contribuyen en la construcción de una baja autoestima.

¿POR QUÉ NO SER ALGUIEN SOCIAL PUEDE CREAR UNA BAJA AUTOESTIMA?

Como hemos mencionado, la comunicación es una parte fundamental en la vida social de una persona. Los métodos de comunicación son aprendidos en la infancia y mejorados a lo largo de la vida de una persona. Una persona se comunica por dos vías, el lenguaje explícito (hablado) y el lenguaje corporal. En el proceso de la comunicación te enfrentarás a la opinión de otras personas y con el mundo.

Viéndolo así, la gente puede formar y fijar tu propia personalidad, así que si piensas de esto de forma positiva, tu evaluación será positiva, mientras que si la opinión de los demás sobre ti es negativa, es muy posible que tu opinión sobre ti mismo también sea negativa, lo cual significa que no podrás valorar tus propias habilidades, tu destreza, talento, etc., y por ende, crear una baja autoestima.

La baja autoestima puede ser también causada por la llamada "ansiedad social", la cual se expresa mediante un miedo intenso y vergüenza de hacer el ridículo frente a otras personas, y a menudo ocurre cuando nos intentamos comunicar en apariciones públicas, y en situaciones donde se valora tu merito y habilidad.

El estudio de la ansiedad social sugiere que una persona se aísla para evitar el contacto y la comunicación con los demás. Esto, a su vez, causa la creación de etiquetas alrededor de esa persona, como que es un excéntrico, raro, poco comunicativo, cerrado, o incluso "a ese/a le pasa algo, ¡seguro!", y así, esta visión negativa de la gente comienza a influenciar y también a afectar a menudo a tu autoestima.

¿CÓMO SER ALGUIEN MÁS SOCIABLE?

El principal paso que debes dar para ser alguien más sociable, es superar tu ansiedad y tu miedo a la hora de comunicarte con otras personas. Una vez hayas dado este temible paso, tu confianza aumentará ya que ganarás confianza en ti mismo y en tus propias capacidades.

A continuación unos pasos a seguir que pueden ayudarte a ser más social, medítalos y léelos hasta que te habitúes a una nueva manera de pensar y actuar frente a las situaciones de tu día a día:

1. Acéptate así como eres.

Si aceptas que te preocupa o incluso sientes miedo de comunicarte, habrás marcado la diferencia, más aún, es aconsejable PARAR de culpar, analizar, y forzarte a ti mismo a establecer contacto con los demás. Toma nota de que cuando te concentras en tu falta de habilidad para comunicarte, refuerzas aún más tus miedos, acepta tu timidez, haz espacio en tu mente y date la oportunidad de interactuar con otra gente, esto reducirá la tensión en tu interior y te ayudará.

2. Piensa que eres alguien único y perfecto.

Parte del deseo de todas las personas, es el de ser aceptados y gustar al resto. Este profundo y a veces inconsciente deseo puede ser la razón de que evites comunicarte con las personas. Ahora es el momento de darse cuenta de que eres perfecto así como eres, con todos tus miedos, preocupaciones, deseos, expectativas, sentimientos y emociones. ¡No hay necesidad de cambiar tu apariencia por nadie! La verdad es que comenzarás a interactuar con las personas cuando te convenzas de que tienes una personalidad única y que puedes hacer todo lo que te propongas.

3. Todo lo que necesitas es mantener la calma.

La comunicación social es un proceso complejo y multifacético que requiere tu participación física y espiritual. Ya sea una relación íntima o laboral, recuerda que es mejor encajar con el resto en calma. Mantener la calma, incluso si pasas por un asunto muy serio que te involucra, es la única habilidad humana que solo da resultados positivos. Si crees que no la posees (la calma), prevalece ante tus preocupaciones, vergüenza, excitación, y asegúrate de que puedes mantener la calma.

Mantenerse sereno incluso en las situaciones más críticas te hará más fuerte, ¡eso seguro!, a cambio facilitará tu comunicación con el resto, ya que tendrás el poder de controlarte a ti mismo.

4. Convierte tus miedos en incentivos.

Muy a menudo ser alguien poco sociable es asociado al hecho de tener miedo al resto de la gente (de sus críticas, sus miradas enjuiciadoras o de su actitud negativa contigo), pero no olvides que la comunicación puede ser positiva también (tener una evaluación positiva sobre ti, escuchar palabras amables y gentiles de la gente, o incluso recibir un bonito gesto), así que cuando tengas miedo de comunicarte con otras personas, piensa que te dejarán algo hermoso, positivo y/o útil.

Puedes empezar por ejemplo por comunicarte con gente en lugares comerciales, usando el poder del miedo emocional para establecer contacto, esto redirigirá tus emociones negativas en ti a otras positivas. Esto es conocido como establecimiento de contacto social.

5. Date cuenta de las necesidades de los demás.

El hecho de vivir en una sociedad implica que de vez en cuando tengamos contacto con alguien por casualidad. Incluso si no te sientes un tipo social, el contacto con otra gente es inevitable, además, comunicarte con tu ambiente social forja y enriquece tu personalidad. Comunicándote con los demás puedes evaluarte, intercambiar información y ganar experiencia. Así que un importante paso adelante en relación con tu insociable personalidad, es darte cuenta de que eres parte de la sociedad y de las estructuras sociales en ella. Cuando des este importante paso y empieces a contactar con los demás, te darás cuenta de lo fácil que es llevar una vida normal.

CONSEJOS PRÁCTICOS

Si aplicas estos consejos en tu día a día pueden ayudarte a resolver tus problemas de sociabilidad. Apréndetelos de memoria, es muy fácil leer y pensar que ya has aprendido algo, pero la facilidad con la que se olvida es asombrosa, es así porque tu mente ya se acostumbró a vivir de una manera y todo lo nuevo, los nuevos hábitos que te hacen bien no se toman en serio.

No me cansaré de decirte que es importante la práctica en todo lo nuevo que aprendas, leer y luego no hacer nada no tiene sentido. La práctica, la acción, marcará una diferencia en el antes y el después de una nueva forma de vivir:

1. Aprende las reglas de comportamiento.

Para una persona insociable, la opción más fácil es la de aprender cómo comportarse en un determinado ambiente. Al principio, esto puede ser logrado mediante la imitación. Visita diferentes lugares (restaurantes de diferentes clases, teatros, cines, conciertos, tiendas, bares, discos) donde sea que puedas ver el comportamiento de otra gente, como se comportan entre ellos, como se hablan, en general, como establecen contacto. De los comportamientos que observes, elige el que más se adecue a tu personalidad, y haz ese comportamiento tuyo.

Después de algún tiempo haz un experimento, ve a un sitio de tu elección, e intenta establecer contacto. Nadie dice que tendrás éxito la primera vez, ¡pero lo importante es no rendirse!, en diferentes lugares usa distintos modelos de comportamiento y si no, define cuál es el que mejor encaja contigo. Y no olvides que esto es un experimento, que te buscas a ti mismo. Por supuesto, intenta ser lo más natural posible, siendo tú mismo, ya que la gente apreciará tu honestidad, tu amplitud de vista y tu sinceridad.

2. Experimenta con diferentes modos de comunicación.

El mundo moderno ofrece muchos modos de comunicación, ¡aprovéchalo! Inténtalo en pubs, tiendas o incluso el transporte urbano, pero también puedes probar a través de varias redes sociales. Lo importante es tener la iniciativa y entablar una conversación. Como mencionamos anteriormente, puede que sientas miedo o vergüenza, pero puedes superarlos incluso la primera vez que contactes con alguien.

Diferentes métodos responden a la pregunta "¿Qué tipo de comunicación prefieres?", por supuesto, yo recomiendo que salgas y estés entre la multitud en cuerpo y alma, así, paso a paso, aprenderás a comunicarte de forma verbal y no verbal, y también aprenderás a sentir y revelar las señales que envías a la gente y las que ellos te envían a ti. Así, al final la comunicación será completa, útil, ¡y hasta divertida!

3. El miedo está en tu cabeza, no en tus habilidades.

Reconocer tu miedo a la comunicación con los demás es el primer gran paso para superarlo. El miedo es un sentimiento que puedes controlar cuando conoces su punto débil. Es un hecho que en el mundo hay mucha gente mala y desagradable que puede hacerte daño, pero esto no debería ser un impedimento para que te comuniques con las personas.

Mi consejo es que hables con las personas a pesar de tus miedos. La primera, segunda, e incluso la décima vez puede que aún estés asustado de empezar una conversación, o de compartir tus más profundos secretos con alguien más, pero superarás esto a medida que te sigas comunicando y finalmente te conviertas en alguien extrovertido. No hay prisa, ¡formar la destreza social toma su tiempo!, tómate tanto tiempo como necesites hasta que empieces a sentirte bien en compañía de los demás.

LA HISTORIA DE MICHELLE

Michelle era una joven de unos 27 años que aún vivía con sus padres. No trabajaba ni estudiaba, y estaba casi siempre en su casa. Cuando la conoció Ina, le contó cómo sentía la vida pasar ante sus ojos y que no sabía cómo participar en ella. Sentía que había perdido algo en su vida, pero no sabía decir que era.

Tras varios encuentros, Ina descubrió que el hecho de vivir con sus padres era la principal razón de que no tuviera una vida personal. Todo cuanto había oído en su vida era que no necesitaba a nadie más, de cómo la gente puede solo herirte y que es mejor estar en casa. Cuando era pequeña, su madre la llevaba a los parques de juego cuando no había ningún otro niño. Ni siquiera fue a la escuela, ¡sus padres le enseñaron en casa!, es decir, que prácticamente no le permitían comunicarse con nadie, y esto siguió así a lo largo de su vida, por lo tanto, no sabía cómo hacer el más simple contacto social con otro ser humano.

Con esta información, se pudo determinar su estado como "carente de habilidad social para comunicarse y crisis de identidad". El trabajo consistió en establecer quién era ella y formar diversos modos de comportamiento y comunicación con la gente. Poco a poco logró emerger de entre la gente en distintos lugares, y pronto reemplazo el miedo inicial a comunicarse por el de estar ansiosa por hablar con más gente. Michelle rápidamente se dio cuenta de que la vida social es parte del ser humano, a pesar de que a veces puede hacerte daño física y emocionalmente.

El rápido crecimiento y la comunicación con más gente llevo a Michelle a ser independiente, bueno, ¡en realidad con dos compañeras de piso!, encontró la fuerza dentro de sí y muy pronto empezó a vivir una vida con la que nunca soñó.

MÓDULO 4

SUPERANDO LA FALTA DE AUTOVALORACIÓN

Valorarte es un componente importante de la autoestima, es la combinación del conocimiento de ti mismo, de tus habilidades físicas y mentales, y de una actitud positiva hacia tu personalidad, valorando de forma correcta tus necesidades y deseos. La habilidad de valorarte a ti mismo se forma en la infancia con el ejemplo de tus padres, a través del aliento que te dieron y su visión del mundo.

Si escuchabas cosas como: "eres un niño capaz", "puedes hacerlo por ti mismo", "¡bien hecho!", "buen chico". Entonces tuviste la oportunidad de aprender a apreciar tus propios esfuerzos y desde ahí, valorar tu personalidad.

Pero si has oído cosas como "no haces nada bien", "¡mira cómo lo hacen los otros niños! Tú lo haces mal", "No conseguirás nada por ti mismo", probablemente te han lavado el cerebro y no has aprendido a valorarte, y el resultado es que te formas como una persona con baja autoestima.

¿POR QUÉ LA BAJA AUTOESTIMA IMPIDE QUE TENGAS UNA AUTOVALORACIÓN REALISTA?

La baja autoestima y la autovaloración son dos componentes de la personalidad que están relacionados entre sí. Cuando alguien tiene baja autoestima, piensa siempre que es incapaz de trabajar ciertos aspectos de su vida, a su vez hace que no tenga una visión positiva de sí mismo "si no vales nada, ¡es porque no tienes nada de valor!". Al mismo tiempo, una baja autoestima implica un bajo respeto por sí mismo o la ausencia total de este.

Puedes pensar que eres estúpido, feo, ineficaz, impresentable, inseguro, poco interesante para el resto o incapaz de llamar su atención, desde entonces, creas una mala imagen de ti mismo y no encuentras ninguna razón para valorar tu personalidad de forma positiva, y así caes en un círculo vicioso de opiniones negativas sobre ti. Deberías esforzarte por encontrar tus cualidades, a decir verdad, todos tenemos algo bueno y algunas cosas son mejores que las de los demás, tu tarea consiste en encontrar en qué eres bueno.

¿CÓMO SUPERAR LA FALTA DE AUTOVALORACIÓN?

Comienza por apreciar tu personalidad, así que empieza por mostrar tus aspectos positivos, cualidades, y destrezas, a expresar tu opinión al resto, a ganar más confianza en ti mismo y especialmente, empieza a ser más respetuoso.

A continuación te mostraré unos pasos a seguir que pueden ayudarte a derrotar tu autovaloración negativa, medítalos y léelos las veces que sean necesarias:

1. Encuentra un motivo para valorarte.

Como antes hemos dicho, la autovaloración se forma durante la infancia. Quizás si vuelves atrás en el tiempo, descubrirás que tus padres te criticaban mucho más de lo que te felicitaban, y lo mismo pudo haber pasado en el jardín de infancia, la escuela o universidad. Observar el pasado te ayudará a conocerte un poco más y a descubrir tus buenas cualidades, y no espero que interrogues a tus padres por "hacer lo que te hicieron". Cuando descubras tus fortalezas entonces habrás encontrado motivos para valorarte.

2. Conócete a ti mismo.

Para valorarte, primero debes conocerte, lo bueno y lo malo. Para este propósito, debes observarte y estudiarte, y así formar una imagen real de quien eres. Presta atención a tu reacción ante diferentes situaciones reflejadas en pensamientos que dan vueltas en tu cabeza, averigua cuáles son tus cualidades, habilidades, destrezas, lo que te hace enfadar, lo que amas, etc.

Puedes pedir también la opinión de alguien sobre ti, así tendrás varias perspectivas, y cuando te conozcas lo mejor que puedas, encontrarás las razones para tener una valoración positiva sobre ti.

3. Concéntrate más en tus logros que en tus fracasos.

Si profundizas en las cosas que no tuviste, porque no eras capaz de conseguirlas o cuando fallaste en algo, lógicamente tu autovaloración va a ser negativa. Para evitar dicha valoración, piensa en lo bueno que hay en ti, en lo que has conseguido, todo lo que has aprendido a lo largo del tiempo y en lo que te hace único. Reconoce que para triunfar primero hay que fracasar, porque los fracasos te hacen ver el camino correcto a seguir, así construirás una imagen realista y positiva de ti mismo y apreciarás tu personalidad.

4. Escucha tu voz interior.

A menudo tu autovaloración se crea a través de ti y de los demás, la pregunta es ¿Cuál has de tomar en cuenta? Mi consejo es que a medida que te conozcas mejor, vayas escuchando tu voz interior. Sé receptivo a la opinión de los demás, pero no siempre es necesario tomarla al pie de la letra. Decide por tu cuenta qué hacer y cómo vivir, porque de esa manera formarás una confianza única en tus propias ideas, y así valorarte aún más.

5. ¡No dejes que te humillen!

Una actitud irrespetuosa hacia ti es casi seguro que dañara tu dignidad y tu autoestima, y esto inevitablemente te llevará a valorarte muy poco. Eres una gran persona y mereces respeto, así que si alguien te trata de forma irrespetuosa y te humilla, dale la espalda.

CONSEJOS PRÁCTICOS

Si los aplicas en tu día a día pueden ayudarte a valorarte por quien eres. Te recomiendo como siempre que te los aprendas de memoria, es muy fácil leer pero más aún olvidar y seguir con tu rutina autodestructiva. Es muy importante la práctica en todo lo nuevo que aprendes, leer y luego no hacer nada no tiene sentido. La práctica, la acción, marcará una diferencia en el antes y el después si de verdad quieres un cambio:

1. El poder de las palabras y del pensamiento.

Apreciar tu valor con regularidad es bueno para recordarte lo hermoso, bueno, y único que eres. Mientras más pensamientos del tipo "¡estúpido hijo de…!, eres un inútil", "que, ¿intentándolo?, ¡déjalo fracasado!" alejes de tu mente, más pronto sabrás la verdad sobre ti mismo. Mientras menos te autocritiques, más fácil será alejar las frases negativas.

Ejemplo:

"Al parecer hoy no es mi día. ¡Bueno, bueno!, puede que ahora no sea el momento, ¡pero todo saldrá mejor mañana!"

Con un pensamiento positivo se genera una actitud positiva hacia tu personalidad, y te valorarás mucho mejor.

2. Tu opinión es lo primero.

Confiar en tus habilidades es muy importante para poder apreciar tu valor. Cree en que eres capaz de superar tus problemas por tu propia cuenta, y que no necesitas ayuda. Es bueno oír la opinión y el consejo de los demás, pero es aún mejor tomar decisiones por ti mismo. Esto lo puedes aplicar a cada aspecto de tu vida, ¡eres tu propio dueño y tu opinión es la más importante y significativa!, y puede que tengas miedo de cometer un error, pero nadie es perfecto y libre de pecado. Es importante que te fíes de ti mismo más que de los demás. Esto creará una positiva autovaloración.

3. Haz un diario de tus logros.

En el capítulo 2 ya hablamos de escribir un diario, pero además de escribir todos los sentimientos positivos que experimentes, como explicamos, esta vez escribirás tus logros y éxitos. Puedes empezar escribiendo todo lo nuevo que hayas aprendido y todo lo que has conseguido por tu cuenta, y tras algún tiempo, abrir este libro y leer sobre tus logros. Esto sin duda mejorará tu aprecio por tu personalidad, y más aún, si en algún momento tienes dudas sobre tus habilidades y destrezas, este diario te recordará de lo que eres capaz, y así mantendrás una alta valoración para contigo.

4. Presta atención a tu apariencia exterior.

Con apariencia exterior nos referimos a tu vestimenta y a tu comportamiento a la hora de comunicarte con alguien. Nota que tu apariencia exterior y la expresión en tu rostro muestran si eres alguien que se aprecia o no.

Hazlo por ti y no por los demás, si no te preocupas por ti mismo, y mantienes una apariencia desastrosa o lasti-mera, puede significar que en realidad no aprecias tu personalidad. Empieza por vestir prendas que te hagan sentir cómodo, y ten cuidado con tu forma de expresarte, habla muy claro, y verás que das una buena impresión a los demás... y sobre todo a ti mismo.

5. Aprende a decir no.

Cuando estás conforme y en contacto contigo mismo, sabrás cuáles son tus opciones y qué fórmula funciona y cuál no, sin embargo, cuando tienes problemas para decir no, demuestras un bajo valor propio.

Si tienes la capacidad de decir no como manifestación de tu voluntad, eso demuestra que te aprecias a ti mismo. Lo que puedes hacer, es practicar rechazando las peticiones de los demás si es que son desagradables o insoportables para ti, esto por supuesto, de forma calmada, sin alterarte y sin herir los sentimientos de los demás.

LA HISTORIA DE ALEJANDRO

Alejandro era un joven de 35 años muy atractivo y con un buen trabajo. A los 18 se fue de casa a vivir a otra ciudad, y desde entonces iba por la vida con la cabeza bien erguida, terminó sus estudios con una distinción y empezó a trabajar en un prestigioso banco. Estaba acostumbrado a confiar en sí mismo y llevaba una maravillosa y esplendida vida… hasta hace un año.

Cuando fue a la consulta de Ina, le dijo que tenía un serio problema con su prometida. Llevaban juntos 4 años, y al principio todo era maravilloso, estaban muy enamorados y era como un cuento de hadas. Pero tras un tiempo, Alejandro se percató de que su novia quería cada vez más cosas de él, explotándole físicamente, y manipulándole emocionalmente.

Al principio no hizo caso de su comportamiento, pero después se dio cuenta de que él había cambiado. Salía menos, apenas tomaba decisiones de forma independiente, después del trabajo se iba siempre a casa y hacia todo lo que ella le pedía. Le compraba ropa nueva de última moda y él seguía vistiendo sus viejas prendas, empezó a ver cada vez menos a sus amigos y no salía nunca a restaurantes.

En una de las reuniones en la consulta, Alejandro dijo que no veía nada malo en querer cuidar de otra persona, ya que eso le hacía feliz, y entonces se le hizo la pregunta "¿y dónde estás tú en todo esto?, ¿cómo satisfaces tus necesidades?", y solo entonces se dio cuenta de que estaba ignorando por completo sus propias necesidades, y de que había olvidado soñar y poner metas para el futuro. Se miró a sí mismo y se dio cuenta de que había olvidado que era una persona que había conseguido muchos éxitos en su vida, y que merecía ser apreciado por ello.

Alejandro se había embarcado en una aventura aparentemente maravillosa, pero en realidad había perdido su personalidad y había perdido su valor propio.

En su último encuentro con Ina, se dio cuenta de que él es único y valioso, y que merece ser feliz, pero no a expensas de su personalidad. Afortunadamente, tras hablar con su prometida y realizar ciertos ajustes, su relación cambió y tomó un rumbo diferente, más positivo, y pronto fue seguida de una boda.

MÓDULO 5

SUPERANDO LA FALTA DE AUTORRESPETO

El autorrespeto es una cualidad personal muy relevante a la hora de saber cuánto valemos como seres humanos. Autorrespeto quiere decir gustarte y amarte a ti mismo y sentirte orgulloso y digno de quien eres. Por supuesto, todo esto está construido en base a la autoexploración y a la objetiva evaluación de tus oportunidades, destrezas, y características positivas y negativas de tu personalidad. Cuando manifiestas autorrespeto, te sientes confiado, competente y tienes la audacia de llevar tu vida a donde tú quieras. Además, cuando sientes respeto por ti mismo, sientes menos arrepentimiento y culpa.

El autorrespeto comienza a formarse en la infancia. Un niño puede aprender a respetarse a sí mismo si está entre gente que se respeta a sí mismo y si recibe evaluaciones positivas de su personalidad. El respeto se forma y se mantiene a diario seas niño o adulto, por supuesto, en momentos de debilidad, fracaso o desilusión, es normal perder un poco el respeto por ti mismo, pero esto debería ser algo solo temporal. El respeto por uno mismo es parte de la personalidad que te recuerda lo hermoso y valioso que eres, por otro lado, ten en cuenta que si tratas con respeto a los demás, ellos te respetarán también a ti.

¿POR QUÉ LA BAJA AUTOESTIMA TE LLEVA A RESPETARTE TAN POCO?

La baja autoestima y la falta de respeto propio son cosas que van de la mano la una de la otra, ¿por qué? Porque la presencia de baja autoestima sugiere que no eres apreciado ni tú, ni tus habilidades, ni tus destrezas, ni tu personalidad en conjunto.

Esto quizás se debe a la ignorancia o tan solo a que atraviesas un periodo difícil de tu vida, pero el hecho es que si tienes una baja estima, siempre te faltará respeto propio. Sin embargo, obtendrás autorrespeto al darte cuenta de que ¡tienes cualidades admirables! Lo que ocurre es que cuando tienes la autoestima baja, es más difícil que te des cuenta de cuánto vales.

¿CÓMO SUPERAR LA FALTA DE AUTORRESPETO?

La falta de autoestima puede hacer que "averíes" tu personalidad, que olvides quien eres y que te sientas insignificante. Si sientes que has perdido tu respeto por ti, he aquí unos consejos para recuperarlo. Y como hasta ahora te he venido diciendo, te sugiero que los medites y los leas las veces que sean necesarias hasta que te acostumbres a pensar de ti de otra manera y tu mente cambie las ideas viejas que no te sirven y que son las causantes de tu falta de autorrespeto:

1. Sé fiel a tus principios.

Dado que vives en una sociedad, es normal que no cumplas algunas peticiones de tus padres, de tu jefe, de la ley, etc., pero si empiezas a cumplir todas ellas, perderás tu identidad. Trata de entender lo que es importante para ti y va en contra de tus creencias y deseos. Que alguien quiera que te comportes de cierta manera no quiere decir que vaya a tener razón, tienes cabeza, así que determina que está a tu favor y que a tus expensas. Ten fe en tus principios y valores, ¡y vive la vida según ellos!

2. No te tomes las críticas como algo personal.

La crítica es parte del ser humano ¡porque no somos perfectos! Siempre habrá alguien que te critique por tu trabajo, tu vestimenta, comportamiento, elecciones, etc., pero eso no significa que debes dejar de respetarte y empezar a complacer a los demás.

Tú eres el único que decide cuando ignorar las críticas si son insoportables para ti, aunque por otra parte, puedes usar las críticas para cambiar ciertos aspectos de tu carácter o comportamiento, lo que importa es lo que tú decides, el error está cuando permites a los demás decidir por ti. Trata de aceptar una crítica lo más calmado posible y que no hiera tu personalidad.

3. La envidia y los celos son el enemigo de tu autorrespeto.

El caso es que a menudo uno mira a alguien y dice cosas como "bueno, es mejor que yo porque tiene más dinero, más status y un mejor trabajo". Es parte de la naturaleza humana el compararse con los demás, pero cuando empiezas a envidiarles, por lo que son o por lo que tienen, empiezas a perder el respeto que te tienes y a verte a ti mismo como un fracasado, insatisfecho, e inferior a ellos.

La manera correcta es la de ver el éxito de alguien y estar feliz por esa persona, e intentar conseguir lo mismo, que sea tu fuente de inspiración y de motivación para decir: "si él lo logró, yo también puedo". Y créeme, en tu búsqueda del éxito y una vida mejor, con el respeto personal que te tienes obtendrás aquello que te hace falta para sentirte completo como persona.

4. ¡No te odies!

"Me odio, estoy gordo", "¡me odio por ser tan débil!", "me odio por no tener trabajo", "me odio por ser tan ingenuo y honesto", "me odio porque nadie me ama"…

¿Te suena de algo?, esas son las expresiones típicas de alguien que no se respeta. Es verdad que a veces uno pasa por momentos muy duros de contratiempos y desilusiones, ¡pero la vida está llena de altos y bajos!, esto no significa que tengas que odiarte, eres perfecto así como eres, con tu belleza natural, tu inteligencia, tus habilidades y perspectivas. Reemplaza esas frases negativas por positivas, recupera tu respeto propio, y te verás a ti mismo con otros ojos.

5. ¡Respétate por quien eres!

Ocasionalmente, todo el mundo necesita ser alabado por alguien, ya sea por sus logros o éxitos. Pero si solo te sientes orgulloso cuando alguien te elogia, significa que has creado un falso respeto personal. Construye tu respeto propio basándote en quien eres y lo que has alcanzado, y no esperes que alguien te lo diga, en otras palabras, ¡elógiate a ti mismo!

CONSEJOS PRÁCTICOS

Llego la hora de los consejos prácticos, toma nota, lo mejor es memorizarlos para no olvidar y caer en la rutina destructiva, practícalos todos los días y verás tu autoestima mejorar cada día, seguro. Te repetiré una y otra vez que la práctica, la acción, marcará una diferencia en el antes y el después si de verdad quieres un cambio:

1. El autorrespeto viene del conocerte y del amor propio.

La ventaja que tienes a la hora de conocerte, es que pasas contigo las 24 horas del día ¡los 7 días de la semana!, eso es mucho tiempo, del cual puedes dedicar algún rato a pasarlo contigo mismo y conocerte. Usa las situaciones que te suceden continuamente para analizar tu comportamiento, como te comunicas, tu actitud hacia ti mismo y hacia los demás, y así descubrirás rasgos de tu carácter de los que no te habías dado cuenta.

El propósito de este ejercicio es que te des tiempo para conocer tu escala de valores, de que te des cuenta de cuáles son tus metas y cuáles tus capacidades para conseguirlas, y cuando descubras todo esto, estoy seguro de que exhibirás respeto propio y encontrarás que eres alguien único y valioso.

2. Respeta a los demás.

¿Cómo puedes manifestar tu autorrespeto si no respetas a los demás? ¡La respuesta más lógica sería que no lo harás!, respetar a la gente significa que eres capaz de encontrar sus cualidades y apreciarlas, y lo mismo se aplica a ti, si puedes ver lo bueno en los demás, también podrás encontrarlo en ti mismo y así sentir respeto propio.

Lo que puedes hacer es concentrarte en analizar las cualidades y aspectos positivos que tiene alguien, sin importar la situación en la que estés. Claro que puedes pedir consejo a otras personas sobre la persona en cuestión, pero debes analizarlo tu primero.

3. Aprende a perdonar.

Si te concentras en tus errores del pasado, sin duda te sentirás culpable, inútil y fracasado. Esto quiere decir que ahora no sentirás respeto por ti mismo, mejor intenta aprender de tus errores y situaciones difíciles para enriquecer tu personalidad y no repetirlos otra vez.

Aprende a perdonar tus errores para poder avanzar, y lo mismo se aplica a otra gente, cuando perdonas sus errores, sientes respeto por ellos y por ti mismo. El perdón te ayudará a relajar tu mente y tu alma, y a mirarte a ti mismo en el presente.

4. Cambia tu manera de pensar.

Una vez has entendido la falta de tu propio respeto, sería una buena idea revisar la forma en la que piensas sobre ti mismo. Tal vez tienes una mala idea de ti y te tratas de manera injusta. Cambiando tu manera de pensar descubrirás tus cualidades.

Cuando pienses "soy un perdedor" intenta entender por qué crees eso. Puede que encuentres miles de razones para hacerlo, pero ahora tu meta es vivir en el presente, en lugar de decir "soy un perdedor", di "soy bueno en esto y aquello, y quiero conseguir...", cuando te animas tú mismo de esta manera más a menudo, empiezas a pensar más positivo. Y lograrás encontrar muchas razones para empezar a mostrar autorrespeto.

5. No intentes impresionar a los demás.

Concentra tu atención en quien eres y que puedes ofrecer al resto en lugar de intentar impresionarles con bienes materiales y un *status* social, la ayuda íntegra que puedes ofrecer a alguien es mucho más valiosa y satisfactoria que todo el oro del mundo.

Si aún quieres impresionar a la gente, trata de hacerlo mostrando tus cualidades y valor propio, y siempre honestamente, esas son sin duda características dignas de hacerse respetar y muestran el respeto que uno se tiene a sí mismo.

LA HISTORIA DE ISABELLA

Un día en la oficina de Ina, vino una mujer que no parecía de hecho una mujer. Iba mal vestida, mal maquillada, tenía el pelo sucio y las uñas desatendidas. Al principio Ina pensó que tendría unos 60 años… pero era una mujer de 45 años que se llamaba Isabella, madre de dos hijos y un matrimonio agonizante.

Ella empezó su historia contando que su marido tenía una amante desde hacía 3 años que además sus hijos conocían. Desde entonces descuido su imagen, se comunicaba con él solo para hablar de asuntos relacionados con la casa y los niños e iba al trabajo de mala gana. Una tarde que su marido no volvió a casa, abrió una botella de vino y no se fue a dormir hasta habérsela bebido entera. Se sentía sola e insignificante, ¡pero no hizo nada para remediarlo!, cuando su amiga le preguntó por qué no se divorciaba, le respondió que eso era una vergüenza y una desgracia para una mujer.

En su tercera reunión con Ina, Isabella empezó a darse cuenta de lo que en realidad había perdido, el respeto por sí misma. Mirando hacia atrás, contó lo que había hecho por los niños de un orfanato, el perfecto hogar que mantenía, de sus dos maravillosos hijos a los cuales prácticamente había criado sola, y de cuando se había hecho socia de un buffet de abogados por 5 años, de que a menudo la invitaban a cenar con sus compañeros de trabajo y amigos. Y poco a poco se fue dando cuenta de que se le estaba privando la vida, y de que se había transformado en una mujer infeliz.

La aventura de su marido hizo que perdiera su autoestima y todo el respeto que sentía por sí misma, se transformó en alguien que no se gustaba a sí misma. A estas alturas, empezó a tomar la aventura de su marido como un incentivo para recuperar su vida pero sin él, había dejado que le hicieran daño y encima se había rendido a esta situación en lugar de buscar a alguien con quien ser feliz.

Tras cada reunión, ganaba más confianza en sí misma y empezó a pensar que era una mujer distinguida y que merecía ser feliz. Empezó a cuidar más de sí misma y a sentirse mejor por ello, poco a poco en su rostro se podía ver la expresión en sus labios de una sonrisa que nunca antes se había visto en las reuniones.

Aprendió a apreciar sus logros y éxitos, y así, recuperó su respeto personal. Como mujer que se respeta, en cuatro meses se divorció de su marido, era una desagradable pero necesaria decisión que le abrió las puertas del mundo. Había recuperado la confianza en sí misma, ahora sabía que podía hacerle frente a todo lo que viniera, de esta manera siguió su camino con la cabeza bien alta.

OBJETIVO FINAL

Llegamos al final de la primera parte, seguramente habrás aprendido bastante y habrás tomado nota de algunos pasos para implementarlos en tu vida diaria. Si lo has hecho, te felicito porque vas por buen camino, el camino de tu transformación. Donde comienzas a entender qué funciona mal en tus pensamientos y qué debes cambiar para llevar una vida emocionalmente sana.

Esta sección y las dos restantes de la segunda y tercera parte del curso están dedicadas a la parte práctica, puedes tenerlas en cuenta o practicar todo lo aprendido por tu lado. Pero si no lo tienes muy claro, te propongo esta emocionante tarea para poner en práctica todo lo aprendido con el fin de superar los obstáculos personales que hayas identificado en tu vida.

Esta es mi propuesta:

1. Ten a mano tu libreta especial como ya hablamos en la guía de inicio del curso, en ella vas a ir anotando todos los puntos que crees que te van a ayudar, dedica un día a repasar esta primera parte del curso, escúchala o léela y ve anotando en tu libreta todos los puntos, consejos, ejercicios, ideas que te surjan de lo leído, que crees que te sirven a ti personalmente y te llaman la atención en la sección del "Cómo" o "Consejos Prácticos" o también pueden ser las historias reales. Es tu vida y tu autoestima la que va a mejorar, así que te recomiendo que apartes un día para este fin y le dediques toda tu atención.

2. Después de que hayas apuntado estos puntos, ideas o ejercicios, practícalos en la vida real durante toda una semana, una semana dedicada a practicar y enfrentar situaciones que pueden darte desconfianza, pero con lo que has aprendido y anotando, vas a tener una idea de cómo manejar esas situaciones. Vas a tener todo mi apoyo, lo más importante es que tú

estarás de tu lado, solo necesitas confiar en ti mismo.

3. Durante esa misma semana, anota cada victoria, buena sensación, pensamiento o éxito que has tenido en una determinada situación. ¿Qué pasó?, ¿cómo pensaste para superar el miedo?, o el motivo por el que decidiste tomar acción. Escríbelo en tu libreta, al final de ella o debajo de cada punto que escribiste en un principio. Y cuando acabe la semana, tendrás en tu libreta pensamientos y acciones que tomaste que te ayudaron a superar tu situación, tendrás ahora una guía mucho más personal para seguir creciendo y avanzando hasta lograr tener una autoestima sana. Tu autoestima mejorará cada vez que enfrentes tus miedos, pues tendrás apuntados ejercicios, ideas, victorias y pensamientos liberadores que te servirán en el futuro.

4. Sigue apuntando pensamientos, buenas sensaciones y victorias que tienes en tu día, eso te motivará. LO IMPORTANTE es que cuando enfrentes un problema, podrás repasar en tu libreta lo que escribiste y acordarte de cómo lo superaste, y así, tener controlado cada punto en el que te sientas débil. Tu autoestima va a elevarse semana tras semana, ya lo verás. Ten ánimo y confianza en ti. ¡Lo vas a lograr!

"Continuamos con la 2ª parte del curso, espero que hayas aprendido bastante de la 1ª parte y te haya ido bien en la semana de práctica en la que enfrentaste situaciones en la vida real.

Todo lo que apuntaste y lo positivo que sacaste de ello aunque sea poco, te va a servir cuando estés en la misma situación, sigue practicando, apuntando todos tus logros, y repasando tus apuntes para reforzar y no olvidar lo aprendido. ¡Lograrás lo que te propongas!"

MÓDULO 6

SUPERANDO EL MIEDO AL RECHAZO

El miedo al rechazo es un miedo injustificado que cumple un papel dañino y es un mal consejero para el hombre. Es el miedo a no ser aceptado por los demás tal y como eres, con tus creencias, acciones, cualidades y habilidades. El miedo al rechazo es un fuerte motivador para limitar el contacto social. A menudo afecta a gente que tiene tendencia a depender de la opinión de los demás. Este estado mental hace que una persona se sienta incapaz de hacer o decir lo que quiere, además, frena la creatividad y la imaginación.

Querer ser aprobado por los demás es parte de la condición humana, pero en algunos este deseo es tan fuerte, que pierden su propia identidad, y comienzan a comportarse, hablar, vestir, actuar, e incluso pensar como alguien con una mejor reputación, y todo esto debido al miedo de ser rechazado, lo cual les impide tomar una decisión por sí mismos, hacer una elección sabia, y sentirse totalmente libres.

Mientras más miedo se tenga, hay más posibilidad de ser rechazado. Este miedo hace que una persona se vuelva estirada y rígida, la persona no puede relajarse y ser el mismo, y en un esfuerzo por agradar a los demás comete errores, se comporta de forma inadecuada y finalmente termina por caer mal al resto, lo cual a su vez, refuerza el miedo que ya tenía y le hace aún más tímido e inseguro de lo que era.

¿POR QUÉ LA BAJA AUTOESTIMA TE HACE SENTIR MIEDO AL RECHAZO?

La baja autoestima es sin duda la fuerza que conduce al miedo al rechazo, y esto se debe a que cuando tienes una baja estima, te puedes sentir inseguro de ti mismo, de tus habilidades, y cualidades, esto provoca un comportamiento inapropiado para con los demás. La baja autoestima impide que muestres tu verdadero yo y que establezcas un contacto efectivo con otras personas, y así, poco a poco, empiezas a desarrollar un miedo a comunicarte con ellas.

¿CÓMO SUPERAR EL MIEDO AL RECHAZO?

Para superar el miedo al rechazo empieza primero por aceptar el riesgo de ser rechazado, es decir, sacar las fuerzas necesarias para mostrar tu personalidad tal cual es. He aquí unos consejos para superarlo.

1. ¡Nadie es perfecto!

Cuando temes el rechazo, tienes la habilidad de centrar tu atención en la gente exitosa, y deseas ser como ellos, pero a menudo olvidas que ellos también tienen sus desventajas. Acéptate y amate tal como eres, con tus errores, debilidades y miedos.

2. ¡Mírate tal cual eres!

La gente te verá tal cual como te veas a ti mismo, y si te ves como un perdedor, incapaz, y aburrido, así te verá el resto. Tu percepción de ti mismo es irradiada hacia afuera y la gente puede sentirla, si quieres que la gente te perciba como alguien valioso y seguro de sí mismo, ¡entonces siéntete como alguien valioso y seguro de sí mismo!

3. No te esfuerces por agradar a nadie.

Cuando actúas de forma natural, obtienes el cariño y respeto de aquellos que aceptan tu personalidad. Por supuesto, habrá quien decida que no puedes ser su amigo o amiga. Lo cual no significa que te rechace por ser como eres, sino que simplemente no puedes ofrecerle lo que está buscando, y eso tampoco te hace menos valioso y preciado para aquellos que te necesiten.

4. Tu opinión es importante.

A decir verdad, oirás muchas opiniones sobre ti, tanto buenas como malas, ¿pero, crees que es posible complacer a todo el mundo? ¡La respuesta es NO! Mira dentro de ti, crea una opinión sobre ti mismo, y empieza a gustarte, solo de esta manera podrás complacerte a ti mismo y superar el miedo a ser rechazado.

Todos tienen derecho a opinar. La gente a la que no le gustas también tiene derecho a opinar, pero eso no significa que debes tomar en consideración sus puntos de vista. Pero también es cierto que habrá gente a la que le gustes y te aprecien por quien eres, con tus defectos y virtudes, ¡acéptate tal cual eres!

5. Deja de esperar el día en el que seas perfecto.

"Estoy gordo/a, muy delgado/a, tengo el pelo muy corto, tengo una nariz de gancho, mi cara es un rectángulo, tengo las piernas torcidas… ¡por eso la gente no me quiere! Y por eso no me hablan".

¿Te es esta frase algo familiar?, ¿Estás siempre fijándote en tus debilidades y defectos, y crees que por ello la gente no te aceptará? Bueno, si aún no has encontrado tus hermosos recursos naturales, ¡es hora de encontrarlos y mostrarlos al mundo! Deja a un lado tus puntos débiles, concéntrate en lo que te gusta de ti mismo, y muéstralo a la gente. Esto también se aplica a tu alma, ¡eres hermoso por dentro! Cuando muestras un espíritu floreciente, ¡entonces la gente buscará tu compañía!

CONSEJOS PRÁCTICOS

1. Crea competencia social.

El miedo al rechazo impide que tengas una gran lista de contactos, así que es mejor ser una persona socialmente competente y ser capaz de participar de una forma exitosa en un ambiente social. La competencia social está asociada a la capacidad de alguien en reunir información sobre el resto, a analizar situaciones sociales, observar a los demás y escuchar de forma activa.

De esta manera serás capaz de apreciar los detalles más importantes y de determinar tu comportamiento. La competencia social también trata los sentimientos y emociones experimentados por las personas y sus deseos momentáneos, es decir, si quieren estar solos o si prefieren la compañía de alguien.

Para ser capaz de tener una buena aptitud social, lo mejor es hacer un esfuerzo y ejercitarse. Si te encuentras ante una multitud de gente, relájate y tomate tu tiempo para analizar la situación y las personas alrededor de ti. Trata de averiguar qué es lo que sienten, lo que necesitan, y en qué crees que puedes serles útil. Entonces, podrás averiguar si tus conclusiones eran ciertas al haber ofrecido tu ayuda. Es posible que no tengas éxito la primera vez, hasta puede que seas rechazado, pero esto no debe desanimarte, inténtalo otra vez, así serás capaz de participar activamente y ver un cambio progresivo.

2. Cambia tu actitud hacia el rechazo.

Como persona social, es mejor desarrollar la habilidad de hacer comentarios sobre el tema del que se está hablando. Una persona agresiva se une a una conversación interrumpiendo en ella, mientras que una persona social atrae la atención sobre él sin buscar un método para ello.

Tu tarea es aprender a ser una persona socialmente segura, que no se toma el rechazo como algo personal o como incapacidad para hacer amigos. En algunas ocasiones, por supuesto no serás alguien adecuado para la discusión de cierto tema (según claro, lo que le interesa a cada uno) en esos momentos, es mejor solo escuchar.

En otras ocasiones, es posible que tus comentarios no sean bien recibidos por el resto, lo cual no significa que lo que hayas dicho sea estúpido, puede que tan solo hayas sido malinterpretado por los demás. Intenta aceptar el rechazo como una combinación de diferentes factores, como puede ser la incompatibilidad entre los interlocutores, mala disposición mental, o un malentendido.

3. Desarrolla la habilidad de controlar tus sentimientos y emociones.

El hecho es que la gente que sabe controlar sus sentimientos y emociones, están siempre entre los más populares y los más seguros. Ellos son capaces de apartar su atención de los estímulos perturbadores y centrarse solo en los aspectos positivos de una situación.

Como ejercicio, te sugiero que cuando estés en una situación que te provoca miedo, vergüenza, furia o ansiedad, trates de ignorar esas emociones a fuerza de voluntad. Luego, busca algo positivo en esa desagradable situación y céntrate en eso para estar calmado y superar las emociones negativas. A través de este ejercicio, podrás controlar tus emociones y superar tu miedo al rechazo, ya que confiarás en ti mismo.

4. La sonrisa es tu amiga.

El humor es una de las más valiosas habilidades sociales, y su principal objetivo es dispersar la negatividad. Te sirve para superar las situaciones más amenazadoras. Incluso en las situaciones más tensas y difíciles, puedes encontrar una razón para sonreír. Sonreír disuelve la tensión, te calma, y te ofrece la oportunidad de conseguir tus objetivos.

Hace que no tengas la expectativa de ser rechazado, lo cual significa que sientes menos miedo. ¡La gente a tu alrededor no está ahí solo para analizarte, monitorizarte e identificar tus puntos débiles! Créeme, la gente puede percibir y aceptar lo que hay dentro de ti, por lo tanto, no es nada difícil adquirir confianza en uno mismo, aceptar lo que hay en ti e ignorar tus miedos.

LA HISTORIA DE MIGUEL

Miguel es un hombre de 27 años que vino con un problema específico:

"Durante dos años, voy casi todos los días a cenar a un restaurante donde trabaja la chica más hermosa del mundo. Me siento siempre en la misma mesa, donde sé que ella vendrá a atenderme. Ella es... ella es maravillosa, siempre sonriendo, con su pelo brillante, su maquillaje, y una serenidad incomparable. Hace su trabajo tan fácilmente y crea una sensación tan placentera, te hace sentir como si estuvieras en casa". Entonces, Miguel respiró hondo y continuó "Muchas veces imagino cómo hablarle y pedirle si quiere salir conmigo, pero cuando entro al restaurante, soy incapaz de decirle una sola palabra, y me quedo ahí sentado a la mesa, mirándola, como si fuera una hermosa estatua de una diosa griega".

Sus palabras hicieron que Ina preguntara de qué tenía miedo, que era lo que le impedía pedirle que saliera con él. Esta fue su respuesta:

"Ella es increíblemente hermosa, y estoy seguro de que muchos hombres le han pedido salir con ella, yo no soy nadie, solo uno de los tantos clientes de su restaurante. Y.. ¿qué puedo ofrecerle?, tengo un trabajo simple, casa, no soy muy atractivo, y paso más tiempo con un libro que con amigos, y creo que ella se merece de todo, viajes, hoteles de lujo, experiencias extremas... se merece el mundo entero, y yo no puedo dárselo".

Entonces Ina le preguntó por qué creía que lo que puede ofrecerle a ella no lo apreciará, y por qué temía ser rechazado al pensar que ella necesitaba viajes y hoteles de lujo. Lo más fácil sería conocer a la persona que hay detrás de tanta belleza para averiguar que necesita realmente, sus deseos, sus sueños, y entonces decidir si quieres salir con ella o no. Es posible también que tu forma de pensar, tu intelecto, tu forma de ser y situación financiera sea exactamente lo que ella andaba buscando.

Miguel entonces se dio cuenta de que sus miedos estaban solo en su cabeza y que no eran reales. También se dio cuenta de que la quieta y organizada vida que llevaba le hacía alguien respetable, y se dio cuenta de que la falta de seguridad en sí mismo no tenía fundamento, ya que tiene un corazón muy grande, es muy tolerante con el resto, y suele pensar primero en los demás antes que en el mismo.

Tras dos semanas, Miguel vino a la oficina de Ina ¡con ella! La realidad le demostró a Miguel ser mucho más hermosa de lo que él se atrevió a soñar. Los dos resultaron ser personas similares, afines, que se habían encontrado gracias a superar su miedo al rechazo.

MÓDULO 7

DERROTANDO LOS COMPLEJOS

Los complejos son un conjunto de creencias y sentimientos que se tienen sobre una o varias partes o áreas de uno mismo, las cuales tienden a evaluarse negativamente de forma exagerada y en la mayoría de las ocasiones sin ajustarse a la realidad. Son ideas imaginarias erróneas que afectan al comportamiento. Son aspiraciones, deseos, emociones y sentimientos que se encuentran en nuestro inconsciente y que son parte de nuestra personalidad. Los complejos se forman durante los primeros años de vida de una persona la cual se puede basar en una sobresaturación de reglas: que está bien o que está mal, prohibiciones, la llegada de un hermano... pudiendo causar la formación de complejos.

El más frecuente es el complejo de inferioridad. Comienza en la infancia, cuando el niño se da cuenta. A veces el complejo de inferioridad se manifiesta a través de una desventaja real, como problemas en el habla, o si el niño considera que no le gusta algo de sí mismo porque no encuentra a nadie como él, como pueden ser baja estatura, pecas, etc. A menudo el complejo de inferioridad conduce a un comportamiento inadecuado: rudeza, reírse de los demás, tiranía, fanfarronería, y todo ello es el reflejo de pensamientos negativos.

Quien tiene un complejo, a menudo bajo un disfraz, es mentalmente inestable, no muestra iniciativa propia y suele hacer daño a otra gente. Alguien acomplejado es en realidad alguien con baja autoestima, ya que duda de sus propias capacidades y muestra a los demás lo contrario a estas.

¿POR QUÉ LOS COMPLEJOS CREAN UNA BAJA AUTOESTIMA?

Los complejos empujan al hombre a experimentar indecisión en lo que dice y hace, en su relación con el resto. Experimenta miedo a distintas cosas, y es precisamente ese miedo, el de decir algo incorrecto, el de hacer algo mal, el de mostrarse como es, o el de ser motivo de burla, lo que forma una baja autoestima.

A menudo, el miedo que siente alguien que tiene complejos, se debe al hecho de que se compara con otras personas y duda de sus propias fortalezas. Si una persona no se conoce a sí misma ni conoce sus aspectos positivos ni sus cualidades, es seguro que sus complejos le mantengan con una baja estima.

¿CÓMO SUPERAR LOS COMPLEJOS?

Lo que ocurre con los complejos es que se han hecho parte de ti en tu inconsciente y se suelen localizar analizando y observando tu comportamiento. Así que te sugiero esta serie de pasos para ayudarte a deshacerte de tus complejos:

1. Piensa de manera efectiva.

Las principales características de una persona mentalmente saludable, segura de sí misma y emprendedora es que piensa de manera efectiva, saludable, positiva, gracias a estos pensamientos, puedes cambiar tu vida profundamente y para bien.

Trata de reemplazar pensamientos perjudiciales (negativos) que revolotean por tu cabeza por pensamientos saludables (positivos). Es importante que entiendas la diferencia: no debes simplemente ignorar los pensamientos negativos, el objetivo es centrar tu atención en la raíz de esos pensamientos negativos, y desde ahí cambiar tu manera de pensar, haciéndola más positiva.

Pensar positivo, sin duda alguna te ayudará a dejar de resaltar tus debilidades, y a empezar a ver y enseñar tus fortalezas, cualidades, y destrezas. De esta manera eliminarás tus complejos y aumentarás tu autoestima.

2. Céntrate en lo que tienes y no en lo que no tienes.

Seguramente, al mirar a tu alrededor, ves en los demás lo que te falta a ti, pelo largo, cuerpo esbelto, más dinero, un trabajo prestigioso, más amigos, etc. y sí, habrá probablemente muchas cosas que no tienes y que tal vez no necesitas. Puede que sueñes con cosas que no posees, pero, ¿realmente las necesitas? ¿Por qué no mejor centrarse en lo que tienes y que te hace único?

Puede que tengas el pelo corto y te quede genial, puede que tengas un vehículo antiguo pero que va bien, puede que tengas solo dos amigos pero que estés muy unido a ellos, mira lo que tienes para darte cuenta de que los complejos que tienes son innecesarios y no tienen fundamento, ¿para qué querer ser otra persona y tener tanto como tienen si no lo necesitas?

3. Empieza por lo más fácil, cambia tu apariencia externa.

A veces es la apariencia lo que te hace sentir inferior a los demás. Te sientes menos atractivo, menos importante porque tu apariencia externa es un complejo para ti. Entonces, cuida tu apariencia, haz que tu imagen represente tu personalidad de la forma que quieras. Si crees que no eres el más indicado para asesorarte o si no sabes cómo arreglarte, pide ayuda a un amigo o a un profesional. Una apariencia nueva y diferente te ayudará sin duda a ganar confianza y a quitarte este complejo.

4. Los pequeños defectos se ven ENORMES a tus ojos.

A veces te fijas mucho en uno de tus "defectos", y así se transforma en un complejo, y así no te ayudas, todo lo contrario. Algunos de tus defectos se ven tan enormes a tus ojos que dejas de ver el lado positivo. Toma nota de que algo pequeño es siempre más fácil de eliminar que algo enorme, e incluso más, puede que nadie se haya dado cuenta de esos (los que tú llamas defectos), excepto tú.

Quiero decir que sólo tú puedes crear un complejo de esos defectos a medida que hablas de ello, discutes, piensas y los muestras a los demás, ¿no crees que ya es hora de dejar de mirarte con lupa y mostrar tus virtudes y ser como eres?

5. Comunícate con gente emprendedora, ambiciosa, divertida y libre.

Puede que seas muy consciente de que tus complejos te impiden llevar una vida normal. Para superar tus complejos, comunícate con gente que no le presta la menor atención a sus propios defectos, de esta manera, tal vez aprendas a cómo hacer lo mismo, por ejemplo, puede que veas a una mujer muy gorda, pero sin complejos porque es muy elocuente y simpática, y todos la aceptan por su personalidad, su forma de ver la vida y su sentido del humor.

CONSEJOS PRÁCTICOS

1. Aprende a expresarte bien.

A menudo la manera en la que te expresas muestra la presencia o ausencia de complejos. Una persona segura habla correctamente, muy claro, fuerte, y con una buena pronunciación.

Tu tarea será intentar hablar correctamente, con el timbre apropiado y más despacio, y por supuesto, evitando usar palabras cuyo significado desconoces (es peor usar una palabra fuera de lugar que no usarla). Si tienes dificultades, siempre puedes visitar a un especialista, como un terapeuta del habla, no porque tengas un problema con el habla, sino para aprender a hablar como es debido.

2. Sé realmente muy feliz.

En nuestra ajetreada vida, a veces accidentalmente nos olvidamos de ser felices. Te concentras solo en la adversidad de la vida, en las coincidencias desagradables o en tu mala suerte. Para mejorar tu vida, intenta ser feliz y atrapar a manos llenas la vida y disfrutarla por completo. Haz cosas que te hagan sentir feliz y sentir el cosquilleo del dulce placer dentro de ti.

Tomate el tiempo de cumplir uno de tus sueños, y así mantendrás tu sonrisa por mucho tiempo. Satisfacer tus necesidades te brinda felicidad, y ello sin lugar a dudas te aleja de que te centres en tus complejos.

3. Cree en ti.

Para alguien acomplejado es muy difícil creer en sí mismo, así que debería ejercitar esto día a día para ayudar a transformarse en alguien más seguro de sus acciones y su comportamiento.

Toma una hoja de papel y escribe cualidades que desearías poseer, por ejemplo: "no tengo miedo a equivocarme", "no tengo miedo de la opinión de los demás", "estoy seguro de mí mismo", "no tengo complejos", y ahora coloca dicha hoja en un lugar muy concurrido para ti, y cada día que pases a su lado lo veas y lo puedas leer en voz alta. Créeme, tras un tiempo, tendrás todas esas cualidades a medida que ganes confianza en tus habilidades y olvides que alguna vez tuviste esos complejos.

4. Gústate. Ámate.

Puede que tengas pequeños defectos, o tuviste algún accidente, alguna operación... y un complejo por ello, ¿y qué? ¿No es mejor cambiar lo que no te gusta y vivir en armonía contigo mismo? Alguien por ahí dijo que no había nada imposible en este mundo y yo creo que tiene razón. El poder de cambiar hasta que te gustes está en tus manos, ¿cómo? Empieza por reemplazar uno por uno tus complejos por pensamientos objetivos y positivos.

Ejemplo:

"Llevo gafas" - "porque leo muchos libros" esto muestra la transformación de un defecto en algo bueno, al darte cuenta de que el desarrollo intelectual es más importante. Otros ejemplos: "Soy bajito" - "así no me tengo que agachar para hacer la cama" - "así la gente habla más cómodamente conmigo, al estar cara a cara conmigo", "Tengo la nariz grande" - "así parezco más distinguido" - "porque tengo mejor sentido del olfato".

LA HISTORIA DE MAGDALENA

Magdalena era una chica de 20 años que había entrado en la universidad hacía 6 meses. Estaba estudiando para ser maestra de jardín de infancia porque amaba a los niños. Se imaginó su vida casada y con 3 niños, había tenido solo un novio, con el que estuvo más de 2 años. Pero con el que terminó la relación de forma desagradable, ya que se enteró de que su novio se burlaba de ella a sus espaldas por su figura porque tenía sobrepeso, y éste era su más grande complejo. Había intentado muchas veces bajar de peso, pero en vano.

Cuando vino a la oficina de Ina, le dijo que sufría de un complejo de inferioridad debido a su obesidad. Contó que cuando era pequeña, debido a una enfermedad, comenzó a ganar peso, y esto se transformó en una situación irreversible. Su madre, a pesar de ser consciente de su condición, comenzó a ponerla a dieta, a pegar fotos de modelos en su habitación y a repetirle una y otra vez que ese era el ideal y a lo que debía aspirar.

En una etapa posterior, los niños del colegio y del jardín de infancia se burlaban constantemente de ella por su gordura y no tenía a nadie que la consolara. Por supuesto, a su vez empezó a verse a sí misma como "la chica gorda" puesto que no había nadie que le impulsase a ver sus propias cualidades, su belleza y su valor. Al pasar los años, ella creció encerrada en sí misma, no tenía amigos e incluso sus padres en ocasiones no la invitaban a salir, ella sabía que ellos se avergonzaban de ella, y por eso se avergonzaba de sí misma.

Recientemente en la universidad, Magdalena conoció a una chica con su misma figura, la diferencia era que esta chica estaba rodeada de amigos, tenía un novio que le amaba de verdad y era realmente feliz. Magdalena estaba sorprendida, ya que era como verse a sí misma sin el enorme complejo de la obesidad. Así que empezó a salir con Chiara, que es como se llamaba, y a aprender cómo ser feliz.

La primera lección que aprendió fue: "Quien no me aprecie como soy, que se vaya por su camino, en la tierra hay suficiente gente dispuesta a apreciar mis cualidades y mi interior, y no a verme solo como una chica gorda". Magdalena empezó a repetirse cada día las palabras que le decía Chiara, hasta que un día llego a creérselo de verdad. Empezó a vestir como quería, a maquillarse, y sin darse cuenta tiró a la basura todos sus complejos.

Solo necesitaba palabras amables de una persona para darse cuenta de que la realidad no es que ella es una chica robusta, sino que es un maravilloso ser humano que quiere convertirse en profesora de párvulos. Y así Magdalena reservó su atención en cumplir su sueño, pero sin olvidar divertirse y ser feliz. Se dio cuenta de que la felicidad no viene de la opinión de los demás, o de poder dominar su propia vida, o de saber sonreír, sino de sus logros.

Gracias a Chiara, Magdalena tuvo fuerzas para perdonar la ignorancia de sus padres, y así quitarse un gran peso de encima. Tras un año, ya podía disfrutar de su reflejo en el espejo y aún más, estaba deseando cumplir su sueño de tener esposo e hijos.

MÓDULO 8

IGNORANDO LAS BURLAS

Las burlas son la vía de expresión a través de la cual salen a flote las desventajas y puntos débiles de una persona. Las burlas son usualmente utilizadas por alguien más fuerte, quedando el más débil herido. En la mayoría de los casos, el más débil tiene baja autoestima y permite que le ofendan en lugar de protegerse, aunque cabe la posibilidad de que alguien con baja estima use la burla para esconder sus propias desventajas y puntos débiles, en este caso, las burlas son usualmente inapropiadas y a través de ellas, una persona se siente segura de sí misma y dueña de la situación para así demostrar que es fuerte. Pero esto es solo digamos "aire a presión", una máscara, tras la cual yace una persona con baja autoestima.

Sin importar las razones para usar la burla, está claro que es dañina para el alma y la mente de una persona, y es muy posible que alguien que es ridiculizado, se encierre en sí mismo y deje de comunicarse con otras personas. Cuando alguien sufre un fracaso en la vida, a menudo se convierte en objeto de burla, y si además tiene baja autoestima, la burla refuerza su idea de que es incapaz de triunfar, y de no ser capaz de cumplir sus sueños. Pero si esa persona tiene alta la autoestima, puede usar ese mismo abuso como motivación para demostrar que es capaz de lograr lo que se proponga. En este módulo nos centraremos en lograr precisamente eso, en usar la burla para incrementar tu confianza y mejorar tu calidad de vida.

¿POR QUÉ LA BURLA DISMINUYE LA AUTOESTIMA?

Como ya hemos dicho, la burla se centra en las debilidades y desventajas de los demás. Al principio puedes ignorar las burlas para que no te afecten, pero si esto continua y otras personas empiezan a participar en el abuso, sin duda empezarás a hacer caso a lo que te digan y te afectará. A su vez, dudarás de ti mismo y de tus capacidades. Es posible que hasta empieces a creer lo que te digan a pesar de que no es cierto, y es así cómo las burlas te pueden convertir en alguien con baja autoestima.

¿CÓMO SUPERAR LAS BURLAS?

Para superar el efecto de las burlas se requiere tener seguridad. También es muy positivo si encuentras en ti la fuerza para demostrarte a ti y al resto que las burlas no tienen fundamento.

1. Fíjate en quién te ridiculiza.

A menudo la burla ni siquiera está relacionada contigo. Si la persona que te ridiculiza está lleno de complejos, esta debe de ser su manera de superarlos. En dicho caso, lo mejor es ignorar sus palabras por completo y no tomárselo como algo personal, ya que el propósito de alguien así, es herir a alguien para sentirse más fuerte y subir su autoestima, eres solo alguien que se puso en frente de él en el lugar y momento equivocados. Si sabes esto, olvida la ofensa por completo, no le des importancia.

2. Piensa en las razones de la burla.

A menudo las burlas hacia ti no se ajustan a la realidad, puede ser que alguien solo quiera bromear con tu nombre por ser extraño o difícil de pronunciar, ¿pero es esto un motivo para sentirte mal? Quizás la persona que hace la burla sobre ti no te conoce y solo busca la oportunidad de hacer daño a quien sea. Si las burlas no se ajustan a tu naturaleza mental o física, es mejor que las ignores. Puede que oigas burlas sobre ti, pero tu tarea es impedir que se vuelvan una verdad para ti.

3. La burla como motivación para el cambio.

A veces una burla describe un defecto real, y es normal que si alguien se burla de ti sientas furia, odio, deseos de venganza, frustración o desesperanza, lo cual a su vez te pone más furioso. Pero si las burlas hacen referencia a una discapacidad física y realmente quieres corregirla independientemente de si se burlan de ti o no (como por ejemplo, el acné) el mundo moderno ofrece muchas vías para este fin, y si se refieren a tu psicología o conducta, sería mejor analizar el porqué de la situación y que meditaras largo y tendido si es algo que de verdad te conviene cambiar o no. Si la respuesta es afirmativa, entonces haz un esfuerzo por cambiar.

4. Cree en tu fuerza.

Un paso muy importante es entender por qué las burlas te hieren. Si tu opinión sobre ti es igual a la del resto, las burlas te harán daño. Esto se relaciona con el hecho de que tu opinión sobre ti es mala. Lo que debes hacer es creer en la fuerza que tienes dentro de ti y tener claro que vales mucho más de lo que nadie pueda decir o ver nunca. Solo tú puedes notar el diamante que llevas dentro y mostrárselo al mundo. Esta fe te ayudará a descubrir tus cualidades y a empezar a aumentar tu confianza.

CONSEJOS PRÁCTICOS

1. Usa el poder del argumento.

Si alguien te ridiculiza, puedes fácilmente usar un argumento para objetar lo que esa persona dice. Puede dar un poco de miedo tener que enfrentarte a la persona que quiere herirte, pero es un riesgo que conviene tomar porque te ayuda a tener confianza en ti mismo y en tu capacidad para defenderte.

Usualmente, cuando rebates las palabras del "agresor" con un buen argumento en tu defensa, creas en ti la sensación de que dominas la situación. No es necesario hacer callar a alguien o usar un lenguaje inapropiado o abusivo para responder a una burla, en la mayoría de los casos quien mantiene la compostura es quien gana la discusión, es mejor hablar claro, tranquilo, y de forma prudente. Para defender tu persona, intenta usar argumentos asociados solo a ti sin empezar a comentar los puntos débiles o defectos del "agresor", tu meta es protegerte, no transformarte en otro abusador.

2. A veces es mejor dar media vuelta e irse.

Sí, es un hecho, a veces es mejor darse la vuelta e irse que empezar a rebatir las palabras del abusador. Esto se aplica si alguien es agresivo y su intención es la de herirte en serio (hasta físicamente) y no la de nombrar simplemente tus defectos. Si le das la espalda a este tipo de personas, mantendrás tu dignidad. A veces no tienes por qué demostrar que esas burlas no tienen fundamento o son inciertas.

3. Escucha solo la opinión de las personas que te conocen y te quieren.

Quien se burle de ti, probablemente solo te conozca superficialmente. Si alguien sabe lo que vales, se te acercará y te dirá si estás fallando en algo, pero sin burlarse. Es mejor aprender a no prestar atención a las burlas que vienen de gente que no te conoce bien. Trata de ignorar dichas frases sobre ti y no te lo tomes como algo personal. Pero si algo de ello te hiere, entonces discute sobre el tema con un amigo o pariente, y trata de entender si lo que dijeron sobre ti es real o solo una invención.

4. Aprende a aceptar las burlas como parte de tu crecimiento como persona.

La formación de la personalidad toma tiempo y trabajo, y si no estás familiarizado con el lado negativo de la vida, la realidad puede aplastarte. Con esto quiero decir que las burlas pueden hacerte más fuerte y ayudarte en la vida. Si te lo tomas como una prueba para fortalecer tus nervios y tu cabeza, superarlo te hará una persona más fuerte y valiente.

La burla está destinada a identificar tus puntos débiles, ¡sácale partido!, ¡la persona que los identifica te los dice gratis! Tu tarea es transformar esos puntos débiles y volverlos positivos:

Por ejemplo:

"Vaya nariz que tienes, parece un gancho".

"Mejor, es una nariz sofisticada, me da un aire elegante".

"Cuatro ojos".

"Sí, las gafas me dan una apariencia intelectual, parezco muy inteligente, ¿verdad?"

Y así, la persona que abusa no le verá la gracia y le resultará ilógico burlarse de ti.

LA HISTORIA DE IVÁN

Iván era un chico de 17 años que pasó su vida frente al ordenador. Constantemente desarrollaba nuevos programas para mejorar y facilitar la comunicación entre las personas. Sin embargo, desde hace unos años había evitado el contacto con otras personas, ya que estaba cansado de que la gente se burlara de él, frases como: "mira a ese perdedor, todo el día en frente del ordenador, sabrá usar un lápiz?", "el arco de sus gafas es tan grande que la nariz le quedará plana", "oye retrasado, ¿sabes hablar?"

Por años Iván había escuchado ese tipo de cosas sobre él en la escuela, a través de sus "amigos" y padres... en todas partes. En un principio, todo esto le hacía daño, se lo tomaba como algo personal y sufría en soledad encerrado en el baño. A su vez, pensó que si molestaba o atacaba verbalmente a la gente que se burlaba de él, se cansarían y pararían... pero no, las burlas fueron cada vez más agresivas y dolorosas.

Cuando vino a la oficina de Ina, Iván solo era un chico callado y encerrado en sí mismo que solo estaba interesado en una cosa, los ordenadores. No tenía el más mínimo interés en el tipo de cosas que le suelen interesar a un chico de su edad, como podrían ser las chicas, fútbol, o los coches. Por causa de las burlas y su manía con los ordenadores, se transformó en un solitario que se peleaba por todo y con todos.

Hacía ya mucho tiempo que dejó de intentar demostrar al mundo que no era un retrasado, o un perdedor. La personalidad de Iván estaba sumamente dañada por las burlas y la falta de apoyo por parte de sus padres. Así como se interesaba por los ordenadores, también se daba cuenta de que necesitaba relaciones normales, pero nadie en su vida se había dado cuenta de sus necesidades y no supo como expresarlas.

Lo primero que hizo Ina en el primer encuentro, fue averiguar por qué esas burlas herían a Iván. En el transcurso de la conversación, quedaba cada vez más claro que no eran las burlas lo que le herían, sino que no paraban de hacerlas, es decir, no lo que le decían, sino la cantidad de burlas. La cuestión era: ¿cómo parar la afluencia de burlas? y la respuesta la encontró Iván por su cuenta en uno de los encuentros con Ina. En su vida apareció un hombre que poseía una compañía de software el cual había visto uno de los programas de Iván. Entonces le ofreció un empleo de inmediato a pesar de que solo tenía 17 años, y en su trabajo, este hombre descubrió que el chico era un genio que se ocultaba en un comportamiento cerrado y silencioso.

Un año después, Iván le dijo a Ina que desde que empezó a trabajar, nunca escucho una sola burla sobre él. Todos parecían tener claro que su singularidad y su aislamiento se debían a que no había encontrado su lugar para desarrollar todo su potencial. Además de esto, ganó mucha confianza, correspondida a sus habilidades como programador y a una alta autoestima la cual siempre había tenido, pero oculta dentro de él, más tarde empezó a descubrir el maravilloso mundo del entretenimiento saliendo con nuevos amigos.

MÓDULO 9

LA OPINIÓN DE LOS DEMÁS SOBRE TI

Nuestro viaje ha llegado a uno de los más esenciales requisitos para formar y mantener una buena autoestima, la opinión de los demás. La opinión del resto te puede hacer sentir como el más pequeño ser sobre la tierra o como el más popular. Todos estamos expuestos a la opinión de los demás desde la niñez. Padres, educadores y niños tienen opiniones diferentes sobre un determinado niño, los cuales expresan en palabras sus cualidades, destrezas o habilidades, cosas como "eres bueno" o "eres malo", "lo estás haciendo excelentemente" o "no has hecho nada", "eres hermoso" o "eres feo", etc.

Si el niño escucha cosas buenas sobre él, se formara en su mente una imagen positiva de sí mismo y aprenderá a apreciarse tal cual es, pero si todo lo que oye sobre sí mismo es negativo, es probable que crezca con una baja autoestima. En una etapa posterior de su vida, el hombre decide o no creer en la opinión de los demás, y mostrarse al mundo según su juicio. Pero el caso es que las personas con baja autoestima, están muy influenciadas por la opinión de los demás, y elegir su propio juicio se vuelve muy difícil.

Los que tienen baja estima, son muy dados a cambiar como un camaleón a cada opinión que oyen sobre sí mismos, "si te dicen guapo, te sientes guapo, pero si te dicen feo a las dos horas, ya te sientes horroroso". Esto se debe a que sienten la necesidad interna de complacer a todos, de ser aceptados y de ser evaluados de forma positiva. Lo que pasan por alto las personas con baja autoestima, es que su opinión es más importante que la del resto.

Nadie mejor que uno mismo puede evaluar más objetivamente sus propias cualidades y habilidades. En este módulo, tratare de ayudarte a que aprendas de que manera tomar en consideración la opinión de los demás sobre ti.

¿POR QUÉ LA OPINIÓN DE LOS DEMÁS AFECTA A TU AUTOESTIMA?

Si eres alguien con baja autoestima, es más probable que escuches las opiniones negativas, las aceptes como verdad, y estés de acuerdo con ellas. ¿Por qué es así? Desafortunadamente el ser humano por naturaleza tiende a creer más en lo negativo que en lo positivo. Y cuando no te conoces bien, tiendes a dudar de tus aptitudes, así que cuando escuchas una opinión negativa sobre ti, te inclinas a creerla y a aceptarla. Cuando eres inseguro, la opinión del resto puede hacer que seas como ellos quieren que seas.

¿CÓMO HACER PARA QUE NO TE INFLUYA LA OPINIÓN DE LOS DEMÁS?

Para superar esto, no debes ignorarlas totalmente. Es importante aprender a juzgar a la gente ya que siempre te puedes encontrar con alguien que quiere hacerte sentir inferior a ellos o humillarte a base de expresar sus opiniones negativas sobre ti. Es también conveniente estar de acuerdo con la opinión de aquellos que son importantes para ti, lo mejor es que uses esas opiniones solo como una guía para tu vida personal y profesional.

También, escuchando opiniones, puedes juzgar dónde te encuentras a nivel social y cuanta influencia ejerces en un lugar. La única forma de superar el miedo a la opinión de los demás es sacarle partido y no tomárselo todo tan en serio.

1. Conoce las personas a tu alrededor.

Para saber si tomar en consideración o no la opinión ajena, deberías tomarte un tiempo para conocer a esas personas, solo de esta manera conocerás sus motivos para expresar sus opiniones sobre ti. En algunos casos se acostumbran a decir algo sobre ti para hacerte cambiar en algo o para que tomes un paso importante en la vida sin ni siquiera conocerte.

2. Lo que te entre por un oído, que te salga por el otro.

A pesar de que esto pueda parecer difícil de hacer, es a veces la mejor opción, se trata de no permitir que la opinión de otra gente entre en tu mente. Tienes que oír palabras que te den valor, entusiasmo por la vida, valentía para lograr tus objetivos, ánimo en momentos delicados, que te hagan sentir importante, y no evaluaciones negativas y pesimistas. Así que intenta no dedicar ni un solo pensamiento a dichas opiniones sobre ti, y así no correrás el peligro de terminar aceptándolas como verdades.

3. Busca la razón de las opiniones negativas sobre ti.

Todo aquel con quien hayas establecido contacto puede tener una opinión negativa sobre ti, y hasta cierto punto, puede expresártela, pero esto no significa que se corresponde por fuerza a la realidad, a cómo eres como persona, a tus cualidades o habilidades.

Cuando oyes una opinión negativa sobre ti, trata de entender en que se basa para decirte eso. Si le preguntas "¿por qué piensas eso de mí?" obtendrás una respuesta de la cual sabrás si merece o no tu atención. Si la persona en frente de ti te da una respuesta lógica y que describe fielmente tu estado mental, entonces puedes reflexionar sobre ello, pero si dicha persona no te da una respuesta con fundamento, entonces deberías ignorar su opinión.

CONSEJOS PRÁCTICOS

1. Ser testarudo puede ser útil.

Antes que nada, es primordial reconocer que cuando escuchas una opinión negativa sobre ti te hiere. Piensa en lo que puedes hacer para desmentir esa opinión. Por supuesto, puedes tratar de demostrarle a la gente que no tienen razón. Si es acerca de tu físico, siéntete libre para cambiarlo, pero solo si tu realmente lo deseas, y nunca por intentar agradar a alguien.

Si es acerca de tu interior: cualidades, peculiaridades del carácter, aptitudes, habilidades, inteligencia, emociones, de igual forma es importante mostrarte como eres y nunca intentar agradar a alguien, siéntete aún más libre para ser tu mismo, porque si intentas comportarte de otra manera porque alguien te dijo por ejemplo que "eres tan tonto como un subnormal" será aún peor, porque empezarás a "actuar", y estarás matando tu personalidad.

Al ser tu mismo, la gente y tú podréis ver claramente todos tus aspectos positivos, y lo que ocurre cuando eres tú mismo, es que atraes a gente que te aprecia y respeta (que es lo importante) y querrán estar contigo. Ser testarudo para cambiar la opinión de alguien acerca de ti, solo te puede servir cuando sientes que necesitas demostrar a esa persona que su opinión es incorrecta.

2. Toma el largo camino de la autoexploración.

Deberías usar la opinión ajena como un punto de partida para autoexplorarte. Ello incluye lo siguiente: si escuchas que eres un irresponsable, desorganizado y desordenado, tu tarea es analizarte a ti, tus hábitos y tu comportamiento, e intentar comprender si dicha opinión es cierta o no. Si averiguas que es cierta, debes estar agradecido con quien te lo haya dicho porque te ha brindado la oportunidad de cambiar dicho defecto, sin embargo, si averiguas que no lo es, puedes ponerle a la persona un ejemplo para demostrar que no tienen razón.

Por ejemplo: "No soy desordenado, me gusta mucho el orden y siempre suelo tener mi cuarto impecable, ha sido solo hoy que no he tenido tiempo"

3. Lo que eres y lo que muestras pueden ser dos caras de una moneda.

Todos juegan un rol en esta vida, el bueno, el malo, el incomunicativo, amistoso, enemistoso, correcto, indiferente, divertido, serio... en casa te puedes comportar de una forma, y en el instituto, la universidad o el trabajo, te comportas de otra distinta. Entre colegas, entre amigos, en vacaciones, de fin de año, etc., puede suceder lo mismo. Esto significa que si estás rodeado de ciertas personas, crearan una opinión sobre ti dependiendo de tu comportamiento con ellas. Y es posible que algunas tengan una opinión negativa de ti y otras no.

Tu tarea es entender qué rol se aplica a ti al ciento por ciento. Una vez más, recurrimos al autoanálisis, es la forma correcta de ampliar nuestro conocimiento sobre nosotros mismos y de mejorar nuestra autoestima. Según el rol que más te represente y que opinión tengan quienes te conocen en dicho papel, podrás ignorar todas las demás opiniones acerca de ti.

4. ¡Busca!

Dado que la opinión sobre ti está basada en tus cualidades, destrezas, intelecto o comportamiento mostrado a los demás, la elección sobre qué opinión positiva escoger está en tus manos.

Si te examinas, de seguro encontrarás un área en la que eres bueno y en la que puedes mostrar tus cualidades y grandes aptitudes. Cuando descubres tu vocación (en que eres bueno) y lo muestras a los demás y a ti mismo, entonces seguramente la opinión del resto será positiva (como lo demostró Iván en la historia del módulo 8). Con esto no quiero decir que debes encontrar tu vocación de inmediato, esto puede llevar tiempo y puede que en el transcurso experimentes algunas decepciones, pero ello no debería desalentarte porque es normal.

Todos poseemos algo en lo cual somos mejores que otros, es algo que está en nosotros de forma natural, y todo lo que necesitas es un poco de paciencia para encontrarlo. Al final te puedes llevar una sorpresa, la vida está llena de ellas, te aseguro que hay mucho más por experimentar y descubrir.

5. Mira lo positivo en lo negativo.

Sí, sé que suena raro e imposible, pero es así. Si escuchas sobre ti algo como "no tienes talento", "eres idiota", "cretino", etc., ¿qué es lo que piensas? Quizás algo como "bueno, sí, así soy yo".

Ahora intenta reemplazar dicho pensamiento por el siguiente "¡eso pensarás tú! pero la realidad demuestra lo contrario" o "si fuera idiota o no tuviera talento no podría hacer esto". Como ya dije anteriormente, la moneda tiene dos caras, en este caso dos caras positivas, y cualquier opinión negativa puede tener su respuesta positiva. Si te concentras en tus cualidades, podrás encajar mejor la opinión del resto sobre ti para que no te afecte.

LA HISTORIA DE IDA

Ida es una mujer de unos 30 años que había enseñado en la universidad, había trabajado a tiempo parcial en un buffet de abogados y vivía con dos compañeros de piso. Se la veía madura, centrada y autosuficiente. Pero en realidad, resultó que su independencia era solo aparente, en toda su vida no había tomado una decisión por sí misma. Se acostumbró a que alguien decidiera por ella y le dijeran que hacer. Es más, estaba siempre influenciada por la opinión de los demás e intentaba adaptarse a cada situación y cada persona.

La primera cosa que notó Ina cuando vino a su oficina es que no hablaba de forma personal y que daba la sensación de que le faltaba identidad propia. En la práctica, no sabía quién era y no tenía ni idea de lo que quería conseguir en la vida. Habló de su infancia:

"Fui al jardín de infancia y a una escuela privada porque mi madre pensó que el nivel de educación era muy alto y quería lo mejor para mi, pero yo no cumplía con las expectativas que se esperaban de mí, mis profesores y mi madre me exigían mucho, y era así casi todos los días. Ella me restregaba constantemente que arruinaría mi vida si no era capaz de apreciar el enorme sacrificio que hizo por mí. A menudo me decía: —Ida, eres una niña con un coeficiente intelectual realmente bajo, debes esmerarte más—, solía ir con sus amigos de la iglesia y les decía orgullosa que yo aún seguía en esa escuela de élite. Mis compañeros de clase a menudo me llamaban «estúpida» o «tontita sin cerebro» cuando no podía hacer las tareas en clase."

Ida superó todos los años escolares a duras penas, y le llegó la hora de ir a la universidad. Otra vez su madre decidió qué debía estudiar, y fueron leyes, porque así tendría una profesión de prestigio. Su madre la envió a la universidad sin preguntarle siquiera qué era lo que ella quería, y solo con las palabras: "estudia mucho, se una buena chica y de vez en cuando tomate un descanso", "y ve a alguna fiesta, así recordarás tus años de estudio como los mejores de tu vida", el problema era que Ida no sabía cómo vivir su propia vida, no sabía cómo encontrar amigos, como comunicarse o como ir de fiesta.

No se podía quitar de encima la opinión negativa de su madre ni de sus compañeros de clase, era una mujer perdida y presa de las opiniones desalentadoras, que no conocía ni siquiera el amor. En su quinto encuentro con Ina, Ida se dio cuenta de que toda su vida se había rendido a las opiniones negativas que tenían sobre ella y se había creído de verdad que no tenía nada bueno. Se describía a sí misma como sin gracia, sin talento, e innecesaria.

Y aquí comenzó el trabajo de Ina, "que Ida encontrara dentro de ella el poder de poner en duda las opiniones negativas sobre ella". Empezó con la pregunta más difícil: "¿qué es lo que quieres?" y tras un largo silencio, ida dijo: "Cuando era pequeña, me encantaba dibujar y creía que era buena pintora, pero un día mi madre fue a mi habitación y me gritó que estaba perdiendo el tiempo con mis garabatos. Cogió todos mis dibujos, los rompió y los tiró, y me prohibió pintar"

Al oír esas palabras vino a la mente de Ina la idea de darle una hoja de papel en blanco y unos carboncillos, y dejarla sola por una hora. Al cabo de una hora volvió, y vio que Ida había acabado, había hecho un retrato de Ina. Se quedó sorprendida al verla extremadamente feliz y aliviada por haber pintado otra vez, al parecer, y aunque parezca mentira, no había probado a pintar desde entonces. Describió así sus sentimientos: "Es como un calor incomparable que invade mi cuerpo, mientras pintaba era solo yo, los carboncillos y el lienzo,… el resto del mundo desapareció. Apenas puedo respirar de la felicidad que sentí" Ida hizo una pausa y luego dijo "esta es la respuesta a tu pregunta… esto es lo que quiero hacer hasta que sea vieja y mis manos comiencen a temblar"

Encontró el significado de su vida y una razón para oponerse a la opinión de su madre. Este descubrimiento le dio la fuerza para mirar dentro de sí misma y descubrir el maravilloso ser que era y que le ayudaría a desatar toda su creatividad. Y más aún, se dio cuenta de que todas las opiniones negativas sobre ella eran erróneas, dijo que nunca más prestaría atención a la opinión de otros porque ahora sabía que tenía un talento excepcional y la maravillosa persona que se escondía en ella y que no se atrevió a ver.

MÓDULO 10

NUESTRO MUNDO EMOCIONAL

El mundo emocional del ser humano es una combinación de diferentes sentimientos y emociones que ha experimentado y que continúa experimentando. Los sentimientos y emociones están en el corazón del ser humano y se reflejan en todas sus acciones, conoce y percibe el mundo a través de estos, son el motor y la esencia de sus creencias, su moral, salud, autoestima, visión del mundo, relaciones con los demás y su respeto propio.

Muy a menudo las personas no se dan cuenta de la diferencia entre sentimientos y emociones. Las emociones son una serie de procesos mentales relacionados con el criterio, necesidades y motivaciones de una persona. Estos reflejan la importancia inmediata de ciertos objetos, fenómenos en el mundo, y situaciones de la vida. La principal característica de las emociones es que son reacciones generalmente cortas e intensas, las cuales son dolorosas o agradables.

Los sentimientos en cambio, son relativamente estables y más o menos una actitud emocional consciente hacia ciertos objetos, fenómenos y situaciones de la vida. Esta actitud puede manifestarse en forma de estado mental estable. Comparado con las emociones, los sentimientos son algo más complejos, como puede ser enamorarse, lo cual implica una mezcla de experiencias emocionales como alegría, furia, tristeza, o sufrimiento. Lo que las personas hacen es tener fe en sus sentimientos y emociones, porque así pueden distinguir entre lo bueno y lo malo... pero también pueden inspirar a hacer el mal. Hablemos ahora del miedo a mostrar nuestros sentimientos.

¿POR QUÉ EL MIEDO A MOSTRAR TUS SENTIMIENTOS HACE QUE TENGAS UNA BAJA AUTOESTIMA?

Tu mundo emocional puede ser estable o no, un refugio o un infierno. A menudo la experiencia de un dolor emocional puede empujarte a encerrarte en ti mismo, a volverte indiferente al resto del mundo e incluso volverte agresivo a veces, y esto principalmente por miedo a mostrar tus sentimientos y emociones. Este miedo probablemente te hará sentir una constante tensión la cual podrías descargar sobre alguien de forma accidental. También por otra parte tal vez seas muy prudente en tus relaciones con la gente y dejes una gran distancia entre ellos y tú, la cual puede dar la impresión de que eres insensible e indiferente a sus sentimientos.

Este miedo ciertamente te hace sentir muy inseguro en tu conducta, en tu relación con el resto y en tu actitud contigo mismo. Y como ya sabes, la inseguridad es una de las principales características de la baja autoestima, así es como el miedo a mostrar tus sentimientos mantiene tu autoestima baja. Esto seguirá así hasta que lo superes y vivas en armonía contigo mismo y tus sentimientos y emociones. Entonces:

¿CÓMO SUPERAR EL MIEDO A MOSTRAR TUS SENTIMIENTOS Y EMOCIONES?

Superar cualquier miedo se relaciona directamente con tomar riesgos (si temes a las alturas, tendrás que mirar por un abismo) y si temes mostrar tus sentimientos, deberías tomar el riesgo a que te hieran, ya que el miedo que tienes no es a mostrar tus sentimientos, si no a que te hagan daño.

1. El daño emocional puede hacerte más fuerte.

Muchos sucesos negativos de la vida pueden herirte emocionalmente, ¿pero significa esto que debes dejar que esos sucesos te dominen? ¿No es mejor tomar ese daño como un paso para fortalecer tu mente y tu persona? En mi opinión, el daño emocional puede ayudarte a ver qué cambios puedes hacer en tu vida actual y empezar a definir un camino a seguir. Parece difícil de conseguir, pero es mejor creer que tienes el poder de superar el dolor, esto cambiará tu forma de ver las circunstancias y te hará una persona más fuerte.

2. Mantener guardados tus sentimientos y emociones puede herirte más que si los muestras.

Quizás hayas oído hablar de gente que sufre ansiedad, depresión, psicosis, neurosis o distintos tipos de desordenes afectivos, ¿sabes que tienen en común estas personas? Que en general han guardado sus emociones y han sobrecargado su mente con pensamientos dañinos.

Cuando tienes miedo de mostrar tus sentimientos y emociones, sobrecargas tu mente con una tensión innecesaria, te asaltan dudas, y cuidas constantemente lo que haces y lo que dices. Si te guardas todos tus sentimientos, positivos o negativos, es casi seguro que te harás daño a ti o a los que te rodean. Así que para que puedas llevar una vida saludable, será mejor que no mantengas tus emociones y sentimientos dentro de ti.

3. El miedo ataca por dentro, ¡detenlo!

¡El miedo no es tu amigo! Solo nubla tu mente y te lleva a hacer cosas que no son normales y que además te hacen daño. El miedo a mostrar tus sentimientos impide la comunicación con la gente. Y lo peor es que incluso tengas miedo de que tus propios sentimientos perjudiquen tu mente por miedo a perder oportunidades, y que un día quieras volver en el tiempo para arreglarlo, pero ya no será posible.

Eliminar el miedo toma tiempo, por eso es mejor empezar hoy, te sugiero que busques en tu interior la fuerza y la estabilidad para oponerte al miedo, tómate un tiempo para reflexionar, disfruta haciendo algo que te relaje, como pasear, ir en barco, acampar en el monte, y durante un momento tranquilo, ponte a pensar cuál es el motivo por el cual tiendes a destruir tu mundo interior y tus relaciones con los demás.

4. No le tengas miedo al miedo.

El miedo es una emoción negativa que puede reinar en tu vida y llevarte a lugares siniestros y desagradables, y estoy seguro de que no quieres pasar el resto de tu vida teniendo miedo.

Cuando temes mostrar tus sentimientos y emociones, es porque seguro imaginas que te herirán, pero ¿por qué no pensar que tus sentimientos dañados serán reemplazados por unos nuevos y positivos? Imagina que eliminas la negatividad innecesaria, y que haces espacio para lo positivo en tu mente. Una vez elimines el miedo te darás cada vez más cuenta de que en el mundo hay muchas emociones positivas y situaciones maravillosas que te puedes perder por tener miedo.

CONSEJOS PRÁCTICOS

1. Ten coraje, porque te brindara energía emocional positiva.

Para superar el miedo a mostrarte como eres, necesitas coraje. Coraje es decidir que quieres eliminar el miedo y ser emocionalmente libre. Y solo puedes ayudarte tu, nadie puede vencer el miedo por ti, por eso, toma una decisión en la que el miedo interfiera en tu vida, no le des mucha importancia a lo que pueda suceder, relaja tu mente y solo disfruta de cada momento y relaciónate con los demás.

¡Con valor y coraje puedes enfrentarte directamente al miedo y vencerlo! Cuando enfrentas una situación con valentía, obtienes una gran recompensa: la autoconfianza. Lo que te brinda una energía muy positiva que te ayuda a incrementar tu seguridad.

2. Mírate como un ganador, no como una víctima.

Cuando te hieren, ¿en qué piensas? "Oh, pobre de mí", "nunca podré superarlo", "nunca volveré a enamorarme" o algo así, ¿verdad? Bueno, ahora busquemos pensamientos objetivos para reemplazarlos… "Las heridas son el camino a la sabiduría", "¡Él/ella se lo pierde!", "Tengo el poder de arreglar mi corazón", "La belleza, armonía y estabilidad volverán a mi vida".

Si te ves como a una víctima, es que tienes una actitud compasiva contigo mismo y sientes lastima por ti, y así el resto también siente compasión por ti, y esta actitud solo te brindará experiencias negativas a medida que pierdes la oportunidad de conocerte a ti mismo, de construir una confianza indestructible en ti y de afrontar el mundo con seguridad.

Ganador es quien gana el beso de la bella (metafóricamente hablando), para triunfar en la vida, tienes que crear una imagen de ganador en tu mente y mantenerla, a través de tomar acción y teniendo iniciativa. Puedes ser un triunfador, ¡solo deséalo!

3. Observa tus sentimientos y emociones, son un flujo de energía que nunca se detiene.

Puedes capturar la belleza del mundo a través de los sentimientos y emociones que experimentes. ¿Qué pasaría si dejaras de sentir? o si el mundo se volviera oscuro y siniestro ¿te gustaría que fuera así? Al continuar con miedo a mostrar tus sentimientos y emociones, seguramente empezarás a vivir en ese mundo incomodo e inhóspito, falto de los colores de un arcoíris tras la lluvia.

Imagina todo el amor que puedes ofrecer, imagina todas las sonrisas que puedes provocar con tu energía y seguridad, imagina cuantos corazones puedes abrigar con tu sonrisa, ¿quieres evitar todo esto solo por temor? Creo que ya estás listo para tomar el riesgo y mostrar tus sentimientos al mundo, ya que te estás dando cuenta de que tienes mucho para dar, y porque eres más fuerte que el miedo. No te dejes vencer, gana al miedo. Has nacido VALIENTE.

LA HISTORIA DE NÉSTOR

Néstor era un hombre de 30 años que había perdido el rumbo, y vagaba por el ruinoso camino del alcohol, el sexo y las drogas. Cuando vino a la oficina de Ina, no tenía ni idea de cómo arreglar su vida y de cómo volver a ser el administrador ejecutivo que fue hace unos años.

"Todo empezó hace 3 años", comenzó a decir Néstor, "cuando mi prometida me dijo que se había enamorado de otro hombre. No te puedes imaginar mi reacción, la golpeé… la golpeé y hasta quise matarla, y por ello fui a prisión durante un año. Y cuando salí, el mundo había cambiado, la gente me miraba de una forma rara, pero yo seguía siendo el mismo.

Hasta ese momento, nunca, ni siquiera en la escuela, participé en una pelea, pero entonces perdí la cabeza. Ella cambió muy fácilmente mi vida en unos minutos, yo solo quería defenderme. Bueno, ahora estoy mucho mejor. Por dos años estuve con una mujer diferente cada noche, voy a diferentes discotecas y bares… en una palabra, ¡vivo la vida!, la verdad, no me puedo imaginar que hubiera sido de mi vida si me hubiera casado, ¿Qué idiota fui, no?".

Como Ina quería seguir escuchando su historia, le interrumpió para preguntarle sobre lo que sentía a nivel personal, ya que si cada noche estaba con alguien diferente, sería porque no encontraba amor, y él contestó: "¿Amar otra vez? ¿Estás loca? ¡Sufrí tanto tras lo de Natalia que no creo que vuelva a amar en mi vida otra vez!" A estas alturas, Ina se dio cuenta de que Néstor tenía miedo de que le hirieran otra vez, y probablemente, de mostrar sus verdaderos sentimientos.

Tras varios encuentros con Ina, una vez más se tocó el tema del amor y de las mujeres. A Néstor no le hizo gracia y empezó a evadir las preguntas de Ina. Su objetivo era que se diera cuenta del miedo que tenía de mostrar sus sentimientos, y decirle que era posible superarlo. Se hizo un ejercicio con él. Le pidió que imaginara que se tenía que casar dentro de 3 días y que tenía que preparar los votos, entonces le dejó a solas 30 minutos con una hoja de papel y un lápiz. Cuando Ina volvió, no había escrito nada, Néstor estaba de pié mirando por la ventana. Ina le preguntó por qué la hoja seguía en blanco, y contestó:

"Porque estoy vacío, me di cuenta de que tengo miedo de escribir te amo, incluso de imaginar a mi futura mujer, ¿no crees que es demasiado humillante lo que hizo ella como para yo escribir sobre…?, ¿en qué me he convertido?, desperdicio mis días trabajando y las noches en conversaciones sin sentido con mujeres que no conozco, y mi única meta es llevármelas a la cama, ahora ya ni siquiera me satisface el sexo, ¡nada en mi maldita vida me da placer! Perdí mucho en cuanto dejé de mostrar mis emociones… me he vuelto insensible y eso me está matando, ¡yo no era así!… yo amaba apasionadamente, ayudaba a la gente porque me hacía sentir bien… era un hombre bueno".

La consciencia y el expresar sus miedos y problemas, ayudó a Néstor a combatirlos. Esta batalla por eliminar los miedos lleva tiempo, y en el caso de Néstor, le llevo un año. Pero se encargó de luchar con sus miedos y vicios, se encargó de recuperar su confianza, y empezó a buscar amor verdadero.

OBJETIVO FINAL

Llegamos al final de la segunda parte del curso. Tu tarea, como en la primera parte, es la de repasar los puntos que más te han motivado y en los que más te identificas.

Repásalos y escríbelos (si todavía no lo has hecho) en tu libreta.

Comenzamos:

1. En tu libreta ve anotando los puntos que te sirven a ti personalmente, como pueden ser los pasos de la sección del "Cómo" o la de "Consejos Prácticos" como ya te dije en la primera parte. Ve anotando en tu libreta especial frases, acciones a realizar, ejercicios que se plantean o ideas que te surjan de esos puntos, pero solo apúntalos porque crees o sabes que puedes realizarlos y porque sabes que te van a ayudar.

2. Y ahora el paso más importante. Durante toda la semana, exactamente 7 días, proponte seriamente realizar al menos una tercera parte de las acciones, ejercicios o ideas que te han surgido y has apuntado en tu libreta, proponte tomar acción en lo que sabes que te va a ayudar a superar ese miedo o problema específico por el que estás pasando.

3. Durante esa semana, debajo de los ejercicios, acciones o ideas que escribiste, apunta cada triunfo personal que obtuviste en relación con lo escrito, cada sensación de libertad que sentiste, cada acción que tomaste que te hizo sentir bien. Apunta por ejemplo un logro que tuviste con una relación, algo que dijiste o pensaste que hizo mejorar tu situación, algo que hiciste para superar tu miedo escénico, etc. Lo que sea que te hizo bien.

4. Así, poco a poco y practicando, decidiendo tú lo que te va a servir y lo que no, irás superando cada obstáculo y cualquier otro que te pueda seguir surgiendo, lo importante es CREER EN TI MISMO, es lo que debes recordar siempre. Saber que cualquier miedo por profundo y difícil que pueda parecer, lo puedes superar porque TÚ estás de tu lado.

"Y continuamos con la 3ª y última parte del curso, espero sinceramente que hayas aprendido bastante de la 2ª parte y te haya ido bien en la semana de práctica en la que enfrentaste situaciones en la vida real.

Todo lo que apuntaste y lo positivo que sacaste de ello te va a servir cuando te encuentres en la misma o parecida situación. Sigue practicando, apuntando todos tus logros, y repasando tus apuntes para reforzar lo aprendido y no olvidarlo. ¡Lo vas a lograr!"

MÓDULO 11

AMANDO TU AUTOIMAGEN

La autoimagen es la forma como percibimos nuestra apariencia física y de acuerdo con esta valoración que hagamos, podremos determinar qué tanto nos sentimos a gusto con nuestro cuerpo en general. Puede decirse que las bases de la formación de la autoimagen, así como de la autoestima se empiezan a crear desde la infancia según el tipo de retroalimentación recibida de nuestros seres más cercanos, como por ejemplo: "qué hermosa es la niña", "qué niño tan lindo", o por el contrario: "este niño/a no se parece a nadie, si tuviera el mismo color que mis ojos, qué pena…", etc.

Sin embargo, la autoimagen viene a ser más evidente y consciente en los inicios de la adolescencia, etapa en la cual generalmente los compañeros de escuela y la atracción por el sexo opuesto cobra mayor importancia en la vida de una persona. Por lo cual, aumenta el interés por ser popular en el grupo social. Es común escuchar en la escuela comentarios referentes a la chica o al chico más "guapo", acerca de quién tiene el cuerpo más esbelto, las facciones más ajustadas al canon de belleza social, y todo esto ayuda a reforzar la autoimagen, influyendo positiva o negativamente en la forma como nos sentimos con nuestro aspecto físico.

¿POR QUÉ LA AUTOIMAGEN INFLUYE EN LA AUTOESTIMA?

Una persona que se siente "fea" o poco atractiva, que constantemente se está diciendo "qué gordo me veo", "qué mal que me queda este traje", "definitivamente nadie se podría fijar en mí", "es que más feo no puedo ser", etc., instala en su mente pensamientos autodestructivos respecto a sí mismo, que le hacen fijarse todo el tiempo en cada detalle negativo que le haga confirmar sus puntos de vista despreciativos, llegando con el tiempo a creérselo tanto y de tal manera, que perderá su amor propio, es decir, su "autoestima", al no aceptarse plenamente.

De forma inconsciente buscará, como ya he dicho, confirmar que lo que piensa es una realidad, entonces por ejemplo, si alguien de confianza le llega a dar un consejo con buenas intenciones para que se arregle el peinado de determinada manera, esta persona con una mala autoimagen creerá inmediatamente que está siendo criticada, menospreciada y nuevamente se sentirá "fea", lo que debilitará su autoestima y cualquier intento por sentirse a gusto consigo misma, y de esta manera cae en un círculo vicioso que se va haciendo cada vez más grande.

Puede decirse que la autoimagen forma parte de la autoestima, la autoimagen se refiere específicamente a la valoración de la propia apariencia física y es uno de los aspectos incluidos en la autoestima de forma mutuamente influyente: "si me quiero incondicionalmente, acepto mi cuerpo tal como es y lo aprecio", o al revés: "si valoro mi apariencia física, estoy alimentando el amor hacia mí, hacia lo que soy y en consecuencia confío más en mis capacidades".

ELÍAS BERNTSSON e INA ARAKCHIYSKA

¿CÓMO AMAR TU FÍSICO?

Aunque la autoimagen así como los otros aspectos de la personalidad se van afirmando a medida que transcurre el tiempo, siempre hay algo que puedes hacer para re-aprender a "mirarte con nuevos ojos: más optimistas". Para ello, te propongo estos pasos a continuación:

1. Empieza cambiando las palabras con que te refieres a ti mismo.

Elimina de tu vocabulario frases negativas sobre tu apariencia como: "soy feo", "a nadie le gusto", "quien se va a fijar en mí con este cuerpo que tengo", "si mi cara fuera distinta llamaría más la atención", etc.

Recuerda que las palabras atraen inconscientemente ese tipo de pensamientos y sentimientos, lo que de una u otra forma te llevará a comportarte conforme a esas palabras que te repites para constatar que esa es la "auténtica realidad", aunque no sea más que una realidad distorsionada.

2. Establece el hábito de observarte más detalladamente en el espejo.

Una vez al día busca un momento y espacio tranquilo para que al menos durante diez minutos te mires en el espejo de la cabeza a los pies. Toma consciencia de tu color de piel, la forma de tu cuerpo, tu figura, las facciones de tu rostro, tus manos, tu pelo, tus uñas, etc.

Obsérvate de lejos y luego lentamente vete acercando al espejo para observar las características que más te identifican y te distinguen de las demás personas. Responde mentalmente qué es lo que más te gusta de ti y nómbralo en voz alta. Así también, toma consciencia sobre qué es lo que menos te gusta y pregúntate por qué, trata de identificar si eso se debe a ideas infundidas por alguien, a algún concepto social de belleza o a los medios de comunicación que te han hecho pensar que tú estás lejos de ir a la moda y por tanto, eres poco atractivo.

Después de hacer esto, acéptate como eres y háblate a ti mismo de esta manera: por ejemplo, en caso de que sean tus manos lo que menos aceptes de ti puedes decir: "gracias a mis manos puedo palpar y sujetar las cosas que deseo, me han permitido escribir, y estrechar la mano de alguien". Independientemente de las características físicas de tus manos, dales las gracias por todo lo que te han servido y te han acompañado a lo largo de tu vida.

Pero, siguiendo con el ejemplo, si no estás a gusto con tus manos, a tal grado que se ha convertido en un complejo, entonces imagina de qué manera puedes mejorar en algo su apariencia para que "a ti" (no a los demás) te resulte más agradable. En este caso, podrías arreglarte más a menudo las uñas, darles algún barniz para que brillen, echarte crema hidratante en tus manos para que tu piel se vea más fresca, etc.

3. Réstale importancia a los prejuicios sociales.

Puedes aceptar que éstos existen y tratar de tolerarlos, pero no someterte a éstos como si dependieras del qué dirán. Ante todo, debes gustarte a ti, y adoptar uno o varios estilos particulares en la forma de vestirte o de arreglarte físicamente, que pueden o no estar a la moda, pero que te hagan sentir seguro, cómodo y ser tú mismo naturalmente.

El ideal de belleza es algo cultural y social, por lo que no debes gastar energías innecesarias luchando contra ello, pero puedes ser más consciente de que esto es así y no dejarte afectar si sientes que no estás en esa categoría promedio. Si por ejemplo, tu cuerpo no es esbelto y eres un poco robusto/a, imagínate esas características de un modo más optimista, como: "soy robusto, y así me veo con más vitalidad, fuerza y energía para realizar tareas que requieran esfuerzo físico. Además soy una persona alegre y puedo proyectar inconscientemente en los demás más confianza y armonía por la forma de mi cuerpo y mi cara".

4. Haz más visibles tus rasgos bellos para hacer menos notorios los que consideras poco atractivos de tu apariencia.

Al tener muy claro qué es lo que más te gusta de ti y lo que no, puedes decidir enfocarte en lo primero, y más allá de solo enfocarte en tus cualidades o atributos físicos atractivos, debes hacerlos más visibles ante ti, lo que al mismo tiempo y de forma natural serán más visibles ante los demás. Para conseguir esto, no ocultes tu belleza.

Si por ejemplo, te gusta mucho tu cabello, no lo mantengas recogido, suéltatelo, permite que se mueva libremente con el viento y que caiga ampliamente sobre tus hombros o espalda. Si te gusta mucho tu dentadura, ríete cada vez más abiertamente para mostrar tus dientes. Si te gustan mucho los dedos de tus pies, ponte sandalias con mayor frecuencia en lugar de zapatos cerrados.

Si por el contrario, no te gusta la piel que sobresale un poco de tu abdomen, entonces retráelo un poco tomando y reteniendo un poco el aire, asume una postura más erguida, haz ejercicios de tonificación muscular, etc. De esta forma aumentará lo positivo en tu autoimagen mucho más, y tus posibles defectos perderán importancia y atención ante ti. Recuerda que es importante que todas estas acciones que lleves a cabo tengan la finalidad de gustarte más "a ti mismo" y no la de ser aceptado por alguien.

CONSEJOS PRÁCTICOS

1. Procura mantener una apariencia física agradable, atrayente y saludable con hábitos y rutinas que te ayuden en ello.

Como ir periódicamente al salón de belleza o peluquería, hacer ejercicio físico, comer muchas frutas y verduras, leer revistas sobre consejos de belleza, etc.

2. Trata tu cuerpo amorosamente.

Consiéntelo, acarícialo bajo la ducha, enjabónalo suavemente y dale masajes relajantes. Menciona frases cariñosas hacia ti con frecuencia. Di "qué bien me queda este tono de tela para mi color de piel", "este peinado me hace sentir muy elegante", "este espejo realza mi belleza", etc. Lo importante es que lo digas sinceramente, por lo cual, debes encontrar aquello que realmente te haga sentir así, (no se trata de mentiras disfrazadas) si no te sientes a gusto en algo, busca un apoyo en algún accesorio distinto, un nuevo "look", una nueva crema facial, lo que se te ocurra.

3. Evita comparar tu imagen física con la de los demás.

Pues siempre vas a encontrar a alguien aparentemente mejor o peor que tú, recuerda: "aparentemente", pues eso es algo muy relativo y subjetivo según la percepción de cada persona. Sencillamente cada quien es diferente, si bien en ocasiones se encuentran similitudes, es indudable que nadie es idéntico a nadie y eso es una de las maravillas de la vida, las particularidades y la diversidad. Así que dile adiós a las comparaciones que lo único que pueden llegar a generar es un cúmulo de envidia innecesaria y desgastante a nivel emocional.

4. Renueva tus ideas sobre tu apariencia.

Las ideas que tengas, hacen que desarrolles una determinada forma de pensar o de percibir las cosas. Si tus ideas son negativas, de inconformidad, de menosprecio, de inseguridad sobre ti, eso es lo que pensarás y tratarás de confirmar a través de las experiencias que vivas, lo que te hará actuar de ese mismo modo al ser esa tu realidad y, como consecuencia, te sentirás abatido y "feo", con poca capacidad para agradar y atraer a alguien que a ti te guste.

Así que puedes comenzar ahora mismo haciendo un listado de ideas que quieres cultivar en tu mente. Como por ejemplo: "Me acepto y me quiero como soy", "Soy una persona atractiva", "Las personas a mi alrededor me quieren", "Soy único y así debe ser, significa que tengo algo que nadie más tiene"… Léelas con frecuencia, grábatelas e imagina que "son tus ideas", poco a poco con el tiempo verás que éstas se convertirán en parte de ti.

5. Mejora tu actitud y comportamiento.

Demuestra con tu forma de actuar que tienes una autoimagen muy positiva, que amas tanto tu personalidad como tu físico, que te sientes cómodo con la imagen que proyectas, que aprecias todo tu cuerpo y lo respetas incondicionalmente.

Para ello, exprésate abiertamente afirmándote con el movimiento de tus manos o gestos para expresar las cosas, mirando fijamente a los ojos de la persona, y caminando a paso firme y con elegancia, porque así estarás transmitiendo el mensaje no verbal de: "aprecio mi cuerpo y mi ser, por lo cual no temo mostrarme como soy", haciendo esto, tú mismo te irás aceptando más y más, porque si lo expresas hacia fuera, tu mente lo incorpora.

LA HISTORIA DE CATALINA

Catalina era una mujer de 34 años que se había casado muy joven, con tan sólo 16 años. Sus primeros años fueron muy felices, pues contaba con un marido muy complaciente, afectuoso y dedicado al hogar. Al poco tiempo se quedó embarazada y cuando su hijo tenía dos años volvió a esperar otro bebé por segunda vez.

Catalina, que se encontraba realizando cursos prácticos sobre manualidades y decoración de interiores, tuvo que dejarlos para dedicarse al hogar y al cuidado de sus hijos pequeños. Con el tiempo, fue descuidando su físico porque le fue dando a este cada vez menos importancia al estar bastante ocupada con las labores del hogar, sus hijos, y con la dirección de una tienda, la cual le había ofrecido su esposo para así tener un ingreso adicional.

Sus hijos fueron creciendo y entraron a la escuela, pero el rendimiento académico de ellos era bajo, y esto le generaba tensión a ella, y más al sentir que su esposo ya no era el mismo que antes. Pues estaba muy ensimismado en sus negocios y dedicaba poco tiempo a la familia.

De esta manera, Catalina se sentía cada vez más cansada y frustrada al sentir que sus sueños se desvanecían por no haber continuado con los cursos que tanto le apasionaban, junto con la sensación de haber dejado de ser la chica guapa y atractiva que era. Cada vez que se miraba al espejo se veía con el rostro demacrado y sin vida, el cabello opaco y quebradizo, la barriga gorda, y la piel flácida. Empezó a sentir envidia de las "mujeres modelo" que veía a través de anuncios publicitarios y temía que su esposo empezara a fijarse en otra mujer. Él, por su parte, empezó a ser muy indiferente y a perder el deseo sexual hacia ella.

Triste y preocupada un día fue a visitar a una terapeuta de pareja, quien le sugirió que empezara a buscar más tiempo para ella misma, tanto para mejorar su apariencia en lo que deseara como para realizar actividades de entretenimiento. Dejándole a Catalina la responsabilidad sobre su vida, pues le dijo que de ella dependía el ser feliz o no, que no debía de depender de los demás para serlo.

Entonces, Catalina no quiso volver a la consulta. Creyó que la psicóloga le iba a dar alguna "fórmula mágica" de seducción para que su esposo mejorara, pero no fue así. Lo que se le había proporcionado en las consultas era una visión más amplia de su situación y lo que podría hacer, empezando a cambiar algunos hábitos y actitudes.

Cuando de vez en cuando Catalina se encontraba con amigas después de bastante tiempo, éstas le decían: "Catalina, pero cómo has cambiado", "Los años no pasan solos (con algunas risas)", "Me acuerdo de ti que "eras" muy bonita", etc. De esta forma, Catalina tenía periodos en los cuales trataba de recobrar el ánimo, pero volvía a caer en la depresión. Hasta que un día, volvió a la consulta y decidió al fin tomar consciencia de las orientaciones que le brindaba la psicóloga.

Empezó a interesarse más por su apariencia, comenzó a vestirse mejor y a maquillarse un poco ya fuera a quedarse en casa o a salir, se ponía accesorios como pendientes, collares y pulseras que hicieran juego con su tono de piel.

De vez en cuando iba a la peluquería para hacerse otro corte de pelo que la hiciera sentir más joven y a gusto consigo misma. Se propuso hacer deporte, por lo tanto empezó a madrugar para ir a su parque favorito a realizarlo y luego regresar pronto para compaginarlo con las actividades del hogar y de la tienda.

Después de tres meses retomó sus cursos de manualidades y después empezó a trabajar de ello, pues se sentía mejor haciendo este tipo de actividades que atendiendo una tienda. Su esposo, poco a poco empezó a cambiar su percepción sobre ella en la medida en que fue viendo a su esposa cada vez más independiente, optimista y creativa con su trabajo, y por supuesto, más bella físicamente, lo que se irradiaba al mismo tiempo en su belleza interna, y en su capacidad para emprender sus metas. Se la veía más alegre y motivada, y su autoestima mejoró notablemente.

Catalina hoy en día cree que valió la pena su esfuerzo personal y prefiere relacionarse con quienes la han valorado de forma incondicional, por tanto, sus amistades han cambiado, y son más profundas y sinceras. Los cambios empezaron a surgir en ella cuando supo que no debía esperar a que nadie cambiara, y a no esperar nada de nadie. Ella buscó ayuda y la consiguió, pensó en su bienestar, actuó, no fue de la noche a la mañana, pues tuvo momentos de recaída, pero lo logró. Y ahora sabe que ¡realmente valió la pena!

MÓDULO 12

DESCUBRIENDO TU AMOR PROPIO

Amarte a ti mismo significa amarte justamente tal y como eres de manera incondicional, como el amor puro de un niño. A menudo la gente adulta niega o condena esas partes de ellos que no les gustan para así sentirse completos. Pero eso manifiesta falta de amor propio. Amarte implica que lo hagas cuando sufres, cuando ames y cuando odies, cuando muestres sabiduría y cuando no, cuando te humillen y cuando te alaben.

Ama lo bueno y lo malo, los sentimientos positivos y los negativos, tu comportamiento gentil y tu desinterés, tus cualidades, y tus defectos. Amarte implica también que conozcas cada faceta de tu ser y la aceptes como es. También es la capacidad de decir en que te has equivocado sin que tu confianza se tambalee, cuando miras al pasado y te quedas satisfecho con tu plenitud y riqueza obtenida, y no te avergüenzas de nada. No hay nada como el amor que puedes sentir por ti mismo, porque te proporciona energía del polo positivo, más carisma, más equilibrio y te hace una persona más completa.

¿POR QUÉ LA FALTA DE AMOR PROPIO AFECTA A TU AUTOESTIMA?

Cuando no te amas, te es más fácil criticarte y prestar atención solo a tus fallos y a los sucesos negativos de tu vida. No amarte impide que tengas una imagen realista sobre ti mismo, y que aprecies tu personalidad, y que tomes la decisión de conocerte más en profundidad. Por otra parte, también impide que alguien más te ame, ya que impides que vean tu verdadero yo. Todo esto disminuye tu autoestima, y ya va siendo hora de que aprendas a amarte. Comencemos:

¿CÓMO AMARTE A TI MISMO?

Para aprender a amarte, debes tomar la firme decisión de que quieres ser feliz, de que quieres tener el control sobre tu vida y de que quieres vivir plenamente, porque cuando no te amas y sufres de baja estima, no te das cuenta de tu potencial.

1. Para de criticarte.

¿Cuántas veces te criticas por pequeñeces?, ¿cuántas veces has pensado que nada va a pasar y de que estás equivocado?, ¿cuántas veces te has dicho gordo, feo, fea o repelente? Si lo piensas un poco tal vez descubras que lo haces muchas veces al día. Autocriticarse solo tiene efectos negativos, y es destructivo ya que solo muestra lo malo de ti, y es muy posible que ni siquiera sea cierto todo lo que te dices. Trata de frenar dichas ideas porque solo hacen que te enfoques en lo malo. Tu tarea es empezar a aprobar tus acciones, sentimientos, emociones, y no pensar que son fallos, amarte tal cual eres.

2. No te compares con otras personas.

Todos somos únicos, no hay dos personas que experimenten exactamente lo mismo de la misma manera. Todos tienen una personalidad propia, ¡y lo mismo pasa contigo!

Eres una personalidad única, es imposible negarlo, con características únicas y exclusivas. Tu meta es descubrirlas y no intentar identificarte con otra persona.

3. Sé amable y paciente contigo mismo.

Cuando posees una baja autoestima y recorres el largo camino de reinventarte, necesitarás paciencia, la cual te dará tranquilidad y pondrá los cimientos sobre los que construirás tu nueva forma de pensar.

Ser bueno contigo significa ser tolerante y generoso contigo mismo. También significa empezar a satisfacer tus necesidades, deseos, y sueños, empezar a perseguirlos. La paciencia y la amabilidad hacia ti mismo te ayudarán a alcanzar amor propio.

4. Deshazte de los recuerdos dolorosos.

Ser rencoroso es destructivo para ti. Cuando pones atención a los abusos del pasado y a las experiencias dolorosas, no dejas espacio para los sentimientos positivos, das vueltas en un círculo de emociones negativas que pertenecen al pasado, lo cual hace que en el presente no puedas llevar una vida normal. Trata de no recordar las emociones negativas del pasado, solo de esta manera serás capaz de darte la oportunidad de sentir cosas buenas y experimentar nuevas aventuras.

5. El amor es infinito y eterno.

En nuestro mundo hay tanto amor, y hay tanto en nuestro corazón que podemos dar. A veces pensamos que el amor es insuficiente, o escaso, y así, a veces te abrumas con las cosas que temes perder y te asusta manifestar tu amor, pero ahora estás listo para saber cuánto amor fluye en ti, recuerda por ahora que, cuanto más des, más recibirás. ¡El amor es infinito y eterno! El amor es de hecho, la fuerza sanadora más poderosa que encontrarás dentro de ti. El amor propio es la fuerza que te ayudara a superar todo lo malo. Practica amarte tanto como puedas y te darás cuenta de que todo es posible.

CONSEJOS PRÁCTICOS

1. Repite expresiones positivas cada día.

El amor se manifiesta en lo bueno y en lo malo, pero para sentir este amor, primero debes saber ver tus aspectos positivos, y así, en un tiempo, aprenderás a amarte incluso cuando no estés en tu mejor momento. Repetir frases positivas te ayudará a aumentar tu autoestima y te dará tiempo para conocerte, repítete cada día un puñado de frases tales como:

- Hoy estoy muy guapo.
- Me encanta cuando me río.
- Desde hoy trataré de buscar solo lo bueno en mí y los demás.
- He nacido para ser feliz, y así será.
- Sé disfrutar, sé reír, hoy va a ser un buen día.
- Me quiero y eso me da seguridad.
- Ha empezado una nueva etapa en mi vida, que se basa en mi amor por mí.

2. Sé honesto contigo mismo.

La mayoría de la gente esconde sus sentimientos, ya sea a través del alcohol, drogas, o simplemente metiéndose en la vida ajena, y así no reconocen sus propias emociones. Lo malo es que no solo los esconden del resto, sino también de sí mismos.

Sería mucho más fácil si reconocieras tus sentimientos sobre ti mismo, si estás triste, llora, si estás feliz, sonríe. No es muy complicado, solo necesitas ser honesto contigo mismo. Cuando admites tus sentimientos, comienzas a quererte y a conectar contigo mismo.

3. Cuida tu cuerpo.

Muchos estudios han demostrado que la gente con una baja autoestima no come bien y no hace ejercicio. Tu tarea es hacerlo. Cuando tu cuerpo está mal, tu mente también lo está. La malnutrición o sobrealimentación crea estrés, lo que afecta a tu vida diaria. Lo mismo pasa con la falta de deporte, si tu cuerpo se pone flácido, no te gustas, y empiezas a ver solo tus defectos físicos. Puedes evitar todo ello con un poco de ejercicio y vida sana. Además, el ejercicio desarrolla la hormona de la felicidad, te da más energía y te hace sentir mejor al recibir tu cuerpo más oxígeno.

4. Tómate un tiempo de diversión.

Tan importante como tu carrera o tus obligaciones, debería ser el divertirte. Todo el mundo disfruta de una manera distinta, ¡y estoy seguro de que sabes cuál es la tuya! Trata de divertirte más que antes, ya que en esta ocasión estás construyendo tu autoestima. Te preguntarás cómo puede la diversión ayudar, muy fácil, cuando te entretienes, te llenas de emociones positivas que fácilmente puedes usar para conocerte y amarte. Tras salir con amigos, intenta pensar en lo que experimentan tus emociones y verás que a tu cabeza vendrán muchas más sensaciones positivas que antes.

5. ¡Desarróllate!

Una característica de la gente segura de sí misma es que nunca dejan de aprender y desarrollar su intelecto. A las personas les gusta la gente de mente abierta, ¡es hora de ser uno de ellos! Tu tarea es desarrollar tus facultades e intelecto en las áreas que te interesen y te apasionen. Puedes leer libros, ver películas, informarte de lo que pasa en el mundo, decidir hacer un curso de violín por ejemplo... Por supuesto, siempre eligiendo temas que te interesen.

LA HISTORIA DE PABLO

Pablo era un joven que aparentaba unos 35 años, muy atlético, siempre a la moda. Cuando vino a Ina, le contó lo siguiente:

"Hace un tiempo empecé a trabajar en algo nuevo, y al principio fue duro. La gente que trabajaba allí se conocía desde hace años, así que no me prestaban mucha atención. A pesar de que podían ayudarme, tuve que aprenderlo todo yo solo, comía solo en el almuerzo, y al principio nunca salía en los descansos porque no tenía con quién hablar. Esta situación me deprimía y me molestaba, yo pensaba ¿por qué no se acercan?, ¿por qué me rechazan si intento acercarme yo?, ¡así no me conocerán nunca!, ¿es que no me quieren como colega?, y, sin embargo, trabajábamos todo el día juntos.

Tras 6 meses, solo una persona se atrevía a comer conmigo. Yo creí que le daba pena. Un día él me contó que todos los días hablaban de mí, de mis zapatos brillantes, de mi pelo, mi ropa, mi comportamiento arrogante... eso me chocó al Principio. ¿Que soy arrogante? ¡Si todo el tiempo quería acercarme a ellos!", aquí le interrumpió Ina, y le pidió que le contara cómo actuaba él en la oficina con ellos. "Todos los días cuando voy a la oficina, saludo a todos antes de ir al escritorio. Cuando voy a beber un café, pregunto si alguien más quiere. Para mí esto es normal, no arrogante."

Tras varias visitas, quedaba cada vez más claro que Pablo iba con la frente bien alta a la oficina, siempre con ropas nuevas y un peinado perfecto. En efecto, saludaba a todo el mundo, pero mientras iba caminando a su oficina. También parecía que el hecho de que no conociera a ninguno de ellos, en términos de amistad, de forma inconsciente se comportaba de forma arrogante con ellos y mostraba una gran confianza.

La verdad salía a flote, Pablo había creado una barrera de fuego a su alrededor, y por eso no se le acercaban. La razón de su comportamiento era que no mostraba ni admitía sus sentimientos. Había vivido tanto tiempo en el mundo material, que había olvidado el mundo emocional, y por esta razón olvidó darse amor, y por ende, dar amor al resto. ¡Incluso le notó Ina muy extraño cuando le preguntó si se amaba a sí mismo!

En las demás visitas, usaron muchos métodos para que se amase a sí mismo. Ina reconoció que trabajar con él no fue muy difícil, ya que poseía muchas cualidades de las que él reconocía y apreciaba, y no fue difícil sacarlas a flote. Entendió rápidamente que antes poseía una falsa autoestima, y que no se amaba. Ahora iba en la dirección correcta y pronto pudo empezar a ser feliz.

MÓDULO 13

DEJANDO LA PREOCUPACIÓN
A UN LADO

La preocupación es una especie de experiencia negativa que sentimos en momentos de inseguridad. Suele ocurrir en momentos de ansiedad, tensión, estrés y miedo en personas que no pueden o no saben cómo cumplir con alguna tarea. Puedes sentir ansiedad incluso en las cosas más simples de la vida, como cuando te vistes, sales de casa, vas de compras, hablas con alguien. La preocupación puede hacer que no te comportes debidamente en cualquier situación, y acontece en personas que no saben tomar una decisión adecuada ante cualquier inconveniente.

Se puede sentir esta sensación en incontables situaciones y por muchas razones, y siempre logra hacerte sentir inseguro. Y como ya sabes, la inseguridad es una de las principales características de la baja autoestima.

¿POR QUÉ LA PREOCUPACIÓN PUEDE
DISMINUIR TU AUTOESTIMA?

La preocupación confunde la vida de la gente. Por ella alguien puede empezar a encerrarse más en sí mismo y evitar comunicarse, y así se le dificulta empezar un trabajo o salir de casa. También mantiene una tensión interna y ansiedad, lo que crea una mala imagen de uno mismo y afecta hasta a la salud. Además, esta inseguridad también te hace dudar de ti en su totalidad, lo que hace que mantengas una baja autoestima.

¿CÓMO EVITAR PREOCUPARSE?

La preocupación, en la mayoría de los casos, está solo en la cabeza de la gente y no es un obstáculo real (la persona se crea una especie de película de terror en la cabeza). Pero cuando te das cuenta de ello, de lo innecesario que es esto, empiezas a superar tus preocupaciones actuales y futuras.

1. No hagas caso a tu monólogo interno negativo.

¿Has pensado cuántas veces te has considerado incapaz de hacer algo porque empezaste a preocuparte? Esto se llama monólogo interno negativo, el cual nace de tu imaginación y no va más allá de tu cabeza. Elimina dichos pensamientos y reemplázalos por otros que sean objetivos, o simplemente piensa en otra cosa o haz algo, como una actividad, llamar a alguien, salir a pasear, hacer deporte, ver la tele… lo que sea para dejar de darle vueltas a la cabeza, porque no te sirve para nada estar en ese estado. Puede que te sea difícil al principio, pero tu meta es empezar a llevar una vida normal sin preocupaciones, ansiedad o estrés, y practicando lo conseguirás.

2. Cambia tus creencias equivocadas.

El poder del pensamiento es el que te ayudará a superar las preocupaciones. Cuando estés preocupado, pregúntate a qué se debe, probablemente llegarás a la conclusión de que en realidad tienes una idea falsa sobre ti mismo. Evalúate nuevamente y crea una imagen realista de ti, y así sabrás la verdad sobre tus aptitudes, tu forta-leza mental y tus capacidades físicas. Cambiar las falsas creencias requiere que te conozcas bien. Conociéndote, te asegurarás de que tus preocupaciones no tienen funda-mento.

3. Mantén la calma.

Sea cuando sea que te venga la preocupación, caes en un círculo vicioso de intranquilidad, ansiedad y pánico. Esas emociones bloquean tu creatividad, nublan tu mente y tu forma de evaluar las situaciones. Usa tu voluntad para calmarte cuando te sientas incómodo. Puedes sentarte para que no te entre el pánico, así, una vez te hayas calmado, serás capaz de apreciar la situación de forma objetiva y decidir qué hacer.

4. ¡Ataca el problema!

La preocupación viene cuando enfrentas un problema y no sabes cómo solucionarlo. ¿Qué puedes hacer? Pensar en distintas alternativas para solucionarlo, mientras más remedios encuentres, más fácilmente solucionarás el problema. Puedes contárselo a tus amigos, familiares, o gente de confianza para ti, así, ellos podrán ayudarte a encontrar una solución más rápido y tendrás más alterna-tivas donde elegir. Este ejercicio se relaciona con el hecho de que si te sientas a pensar en diferentes soluciones para un problema, el estrés y el nerviosismo desaparecen. Inténtalo, no te decepcionarás.

CONSEJOS PRÁCTICOS

1. Identifica y expresa tus sentimientos y emociones.

Cuando te sientes preocupado, sientes una gran variedad de sentimientos y emociones. Tu tarea es tratar de identificarlos y expresarlos. Pregúntate "¿qué es lo que siento ahora?", y a tu cabeza vendrá seguramente algo como "estoy nervioso, cansado, asustado, quiero escapar, me sonrojo", etc., habiendo identificado de esta manera tus sentimientos y emociones, trata de expresarlos. Esto saldrá de ti por sí solo, quizás golpeando una almohada, gritando, tirándote al suelo, apretando los puños, hablándole a alguien... usa o haz lo que sea, pero que no te hiera a ti ni a nadie.

El propósito de este ejercicio es que sepas encargarte de tus emociones, sentimientos y pensamientos negativos, que tanta presión ejercen en ti. Al expresar tus sentimientos y emociones, podrás dejar de preocuparte innecesariamente de un gran número de cosas por el simple hecho de saber cómo expresar lo que tienes dentro.

2. Hazte un plan.

La preocupación no te ayudará a solucionar tus problemas. Pero hacer algo al respecto, hará que se produzca un cambio, puede ser bueno o malo, pero al menos, habrás hecho algo. En lugar de mortificarte, date una oportunidad para tomar una acción.

Por ejemplo, si te preocupa no tener dinero, planifica tus gastos, así, incluso sin dinero, podrás analizar tus gastos y saber en qué puedes gastar más y en que no, para no repetir de nuevo el mismo error. Si te preocupa no saber qué decisión tomar en una situación determinada, puedes pensar en los pros, los contras, y las posibles consecuencias, y así estar preparado para lo que venga. Cuando planeas con precisión cómo alcanzar tus metas, rebajas tu ansiedad y puedes seguir tu propio plan. La preocupación esconde tu creatividad y no lleva a ningún cambio positivo.

3. Acepta lo peor.

Cuando estés preocupado, piensa esto: "¿qué es lo peor que me puede pasar?" Lógicamente, a tu cabeza vendrán varias ideas sobre que sería lo peor, lo importante aquí es que te prepares psicológicamente para aceptar el peor de los casos. Cuando sepas que es lo peor que te podría pasar, acéptalo totalmente, y dejarás de preocuparte, o al menos bastante menos, porque ahora sabes la consecuencia, y sabiéndola ya no te obsesionarás y podrás buscar tranquilamente una solución.

4. Para de preocuparte desde el principio.

Dado que te preocupas por distintas cosas en tu vida, en este punto aprenderás a parar la ansiedad antes de que te haga daño, y puedes hacerlo de esta manera:

- Esto no me preocupa.
- No me preocuparé por estas cosas.
- Son solo pensamientos, el hecho es que las cosas son distintas.
- ¿Por qué preocuparse? Esto no es más grande que yo.
- No necesito más preocupaciones, destruirán mis planes.
- Yo controlo mi vida.

- Me preocupo por tonterías.

- Son cosas que pasan y no debo preocuparme por ello.

- No hay necesidad de preocuparse sobre lo que piense el resto, sé quién soy y lo que puedo hacer.

- No me preocupa mi apariencia, a quien no le guste que mire para otro lado.

- Si dejo que algo me preocupe puede que cometa muchos errores.

- Preocuparse no ayuda, hay que mantener la calma.

Espero que tras leer estas frases sientas cómo se disipan tus preocupaciones y que ganes un poco más de confianza. Usa algunas de esas frases en situaciones embarazosas, y verás que pronto no sentirás más la ansiedad e incrementarás tu confianza.

5. Hazte halagos.

Quizás la forma más fácil de parar de preocuparte e incrementar tu autoestima es la de halagarte. Resalta todo lo bueno, hermoso, positivo y genial que veas en ti. Por ejemplo, diciéndote:

- Soy maravilloso.

- Soy hermoso/a sin importar lo que me ponga.

- No hay necesidad de preocuparme cuando me equivoco, el hombre aprende de sus errores.

- Soy bueno y paciente.

- Empezaré mi día con una sonrisa.
- Cuando ayudo me siento feliz.
- Soy único.
- He construido mi propia vida y eso me convierte en alguien fuerte.
- Soy capaz de crear belleza.

LA HISTORIA DE FLORA

Flora tenía 23 años, vivía sola en un pequeño apartamento, y trabajaba de camarera en una cafetería. Desafortunadamente, dejó los estudios, ya que tras la muerte de sus padres tuvo que empezar a trabajar. Durante años trabajó en la cafetería, y nunca consideró ni siquiera cambiar de trabajo, ¡eso le aterraba! Cuando vino a la oficina de Ina, empezó así su historia:

"Cada día veo todo tipo de personas venir a comer a la cafetería, altos, bajos, delgados, gordos, bien vestidos, andrajosos, serios y sonrientes, amistosos y nerviosos. Pero me doy cuenta de que todos tienen una característica en común, todos tienen una buena autoestima, se sienten bien con lo que son, y eso se nota cuando entran por la puerta, piden algo, o van al baño. Y eso es lo que se me escapa, yo no sé cómo conseguirlo.

Mi problema principal es que me preocupo demasiado por todo. Cuando me levanto, me alarmo pensando en la ropa que voy a ponerme. Una vez he elegido algo, me preocupa si está muy ajustado o muy suelto, y si va con el clima o si los colores son apropiados. En la calle, camino mirando hacia abajo porque me asustan las miradas de los demás, y pienso constantemente que tengo algo malo, o que esa es la razón del porqué todos me miran.

Y luego llega el momento más embarazoso: ¡tener que ir a la cafetería!

Desde que empecé a trabajar ahí, voy siempre preocupada, pensando: ¿Me darán suficientes propinas?, ¿Haré bien mi trabajo?, ¿Agradaré al jefe?, ¿Podré sonreír a los clientes? ¿Sabes cuál es mi problema?, que me preocupo demasiado, y ahora siento una terrible tensión que me molesta mucho. Cuando voy a casa, no estoy cansada de trabajar, sino de tanto pensar, y de pensar si hice todo lo que debía hacer. Me gustaría parar de preocuparme por todo".

Flora e Ina acordaron que ella haría algo para sí misma. Al principio, le dijo que se mirara a sí misma y buscara aspectos positivos, y que luego los describiera. Lo siguiente fue que explicara que características deseaba poseer, como por ejemplo: ser más atrevida, más social, ser alegre, preocuparse menos, ser paciente… Ina combinaba este ejercicio con yoga tres veces por semana, puesto que el yoga es uno de los principales métodos usados para reducir el estrés y la ansiedad.

En solo 3 meses, Flora empezó a describirse a sí misma con adjetivos positivos. Poco a poco empezó a creer en sí misma, eliminó la indecisión de su vida y dejó de estar inquieta. En ese corto tiempo, empezó a desenvolverse con mayor libertad ante los clientes de la cafetería y conoció gente nueva. Flora se dio cuenta de que las miles de preocupaciones que tenía eran insignificantes y solo le impedían vivir con normalidad.

MÓDULO 14

RECUPERANDO LA AUTOCONFIANZA

Autoconfianza significa tener una fe extrema en tus capacidades y habilidades, libertad ilimitada y aceptarte así como eres. La autoconfianza es parte esencial de la autoestima, y te ayuda a experimentar nuevos acontecimientos en tu vida. Alguien seguro de sí mismo crea su vida a través de sus ideas y deseos, y vive en armonía consigo mismo y con quienes le rodean.

Conoce lo grande que son sus habilidades y tiene fe en ellas. De igual modo no le afecta la opinión de otra gente y por eso se acerca a ellos con confianza, suele conseguir sus objetivos. Una persona segura tiene una idea real de sí mismo y conoce cuáles son sus opciones para vivir feliz. Vive según su naturaleza con la certeza de que puede confiar en sí mismo y de que nada le puede apartar del éxito.

¿POR QUÉ LA FALTA DE AUTOCONFIANZA BAJA TU AUTOESTIMA?

La falta de confianza provoca dudas, indecisión, y te hace depender de la opinión de los demás. También impide que te conozcas a ti mismo, y limita tu comunicación con los demás. Alguien sin confianza no tiene idea de lo que quiere, ni de cómo conseguirlo, tiene miedo de mostrar o decir lo que quiere, y mucho más de tomar la iniciativa para conseguir algo.

Tiende a no participar en la vida pública, se queda en casa autocompadeciéndose. A menudo se guarda sus emociones, lo cual le pasa factura tarde o temprano. Experimentar ansiedad, estrés, cansancio, desesperanza, son características de alguien que no confía en sí mismo. La presencia de todos estos hechos en la vida de un ser humano, le convierten en una persona con baja autoestima.

¿CÓMO RECUPERAR LA AUTOCONFIANZA?

Tu principal tarea es tomar la decisión de querer ganar confianza y tomar el camino para lograrlo. La vida da muchas más satisfacciones si haces lo que quieres y vives según tus propios pasos, sin dejarte llevar por alguien. Te propongo estos pasos para empezar a recuperar tu autoconfianza:

1. Define tus metas.

Define tus metas muy detalladamente, que quieres y como lo quieres. Así será mucho más fácil perseguirlas, ya que sabrás dónde quieres llegar. Encontrarás las soluciones más adecuadas y las herramientas necesarias para lograr tus objetivos porque sabes lo que quieres, así no te verás en una situación donde no sabes el porqué de lo que haces.

2. El éxito es tu fuente de confianza.

No importa que tan fuerte sea tu inseguridad, estoy seguro de que sabes que eres el mejor en algo, ya sea si eres un buen bailarín, un lector veloz, juegas muy bien al tenis, si tienes éxito con las mujeres/hombres, si nadie te gana en la cocina, en el fondo sabes cuál es tu don. Lo importante ahora es que te concentres en dicha actividad para ganar la confianza perdida. El hecho de saber en qué eres bueno, aliviará la tensión e indecisión, y te dará la oportunidad de probar nuevas cosas.

3. Fallar no te hace alguien incapaz.

Todos fracasamos alguna vez, ya que no somos perfectos. Y lo mismo se aplica a ti, recuerda que fracasar no es el fin del mundo. Es mejor que veas el fracaso como un reto y no permitas que un fallo te desaliente. Acepta el fracaso porque sin él no veríamos el camino correcto a seguir, el fracaso te indica lo que no debes hacer y elimina los caminos por los que no debes transitar. Fracasando se llega a la meta. Que el fracaso te motive, y no te desaliente.

4. Nada viene por sí solo, ¡ten fuerza!

Lo principal para ganar confianza, es trabajar. Esto quiere decir explorar tu mente, conocerte, analizar tu comportamiento y encontrar tu fuerza. Solo así conocerás tus cualidades y ganarás confianza. No pasará absolutamente nada si te vas a la cama o te echas en el sofá a ver televisión, tienes que echarle ganas, ambición, valentía.

5. Evalúa tu éxito.

No hay nadie que no haya conseguido nunca nada en la tierra, tampoco tú, seguro que tienes algo por lo que estar orgulloso. Es bueno recordar triunfos y lo que sentiste entonces, te dará la energía para llevar a cabo más acciones que te ayuden.

CONSEJOS PRÁCTICOS

1. Ponte en una situación en la que ganes confianza.

Ponerse en situaciones imaginarias en las que logras alcanzar un objetivo puede hacerte ganar mucha confianza. Este ejercicio puede hacer esto, ponerte en una situación que te provoca confianza, por ejemplo:

Imagina que hay una montaña a la que quieres subir, y que hasta ahora no has tenido el valor para intentarlo, imagínate vistiéndote con la ropa adecuada, escogiendo los zapatos especiales para este terreno, tu mochila y los utensilios que crees que debes llevar dentro de ella, y piensa también cuál es el camino correcto para alcanzar el pico más alto de la montaña. Ahora imagina cada paso en la roca, cada paso en la tierra, cada gota de sudor que recorre tu cara. Visualízate caminando unas cuantas horas hasta que, de pronto, distingues con tus ojos el pico, la cima. Ya está muy cerca, obsérvate como llegas a esa cima y logras tu objetivo, puedes ver un paisaje hermoso allí en lo alto, estás cansado, pero feliz, muy feliz de haberlo conseguido.

Ahora sal de esta situación hipotética e intenta sentir lo que sentiste entonces, cuando llegaste al pico de la montaña. Esto te da un poco de satisfacción, alegría y confianza. Y aquí te tengo una sorpresa preparada, ahora viene lo importante: ve, sí, escuchaste bien, ve e intenta subir una montaña en la vida real. La experiencia te ayudará a ganar confianza.

2. Promociónate.

Escribe un discurso sobre tus fortalezas y tus metas en un tiempo de 5 a 10 minutos. Es decir, en qué eres bueno, qué te diferencia del resto, cuáles son tus puntos fuertes, tus cualidades, habilidades, qué quieres conseguir en la vida… coge un lápiz y papel y escribe un discurso, una redacción en no más de 5 ó 10 minutos. La idea es promocionarte a ti mismo, sí, como esos anuncios que ves por la tele anunciando algún producto que dicen que es excepcional, increíble, maravilloso y el porqué lo debes de tener. Tras escribir el discurso, léelo en voz alta y empieza a creértelo. Léelo cada vez que estés inseguro, de esta manera, siempre tendrás a mano palabras que te motiven y aumenten tu confianza.

3. Habla.

Tal vez por falta de confianza no participes en conversaciones. Tal vez por miedo a decir algo erróneo o estúpido frente otras personas. Para ganar confianza en un principio, toma la palabra en una situación en la que hablen sobre un tema del cual conoces, habla cuando a ti te parezca y sin miedo, no importa si hablas en voz baja o suenes tímido, es normal al principio. Cuando te des cuenta de que la gente escucha y percibe lo que dices, te sentirás más seguro.

4. Una buena apariencia contribuye a una buena autoconfianza.

La forma con la que te vistes y te ves muestra cómo te sientes. Has pensado cuantas veces supuestamente no te importaba lo que llevabas, o si estaba arrugado o sucio, si estaba de moda o no, esta falta de interés sobre tu apariencia externa te lleva a sentir inseguridad. Intenta mantener una buena apariencia con ropas que te gusten y que sean cómodas. Haz que tu apariencia diga: "confío en mí mismo"

Lo mismo se aplica a tu postura corporal, hombros caídos y movimientos lentos muestran una falta de confianza. Trata de sentarte recto con la cabeza alta y mira a la gente a los ojos, esto dará una buena impresión de ti y te hará sentir mejor y con más confianza.

5. Mejora tu destreza comunicativa.

Para este fin te sugiero que te comuniques con gente diferente, de la que puedas obtener diferentes conversaciones y puntos de vista. Además, aprenderás dos formas de comunicación, verbal y no verbal. Si tienes dificultades, siempre puedes apuntarte a un curso para mejorar tu habilidad de comunicación.

LA HISTORIA DE SANTIAGO

Santiago es una de las personas más carismáticas que Ina conoció nunca. Desprendía una calidez, comodidad y una amabilidad sin igual. Santiago vino a la consulta de Ina por primera vez porque su novia le había obligado. Le decía a Ina que ella le criticaba constantemente, siempre quería algo de él y que nunca estaba satisfecha. Le decía constantemente que había algo mal en su interior y ello le llevo a buscar un psicólogo.

"¡No tengo ni idea de qué hago aquí! No creo que tenga nada de malo, pero como Rose me lo pidió, he venido." Esta es de hecho una reacción normal de alguien que va al psicólogo a la fuerza, pero a Ina le sorprendió el hecho de que Santiago ni siquiera intentó oponerse a la decisión de su novia. ¡Parecía como si el fuera un títere y ella el titiritero! Por parte de Ina, siguió inmediatamente la pregunta ¿qué es lo que haces, y cómo aprovechas tu tiempo libre?

En un principio, a Santiago le costaba mucho abrirse y no dijo mucho, pero quedó claro que toda su vida giraba en torno a Rose. Básicamente no había nada de lo que preocuparse hasta que le preguntó que era lo que más le gusta hacer —Santiago no pudo responderle—. A lo largo de los últimos 4 años, Rose había tomado todas las decisiones en sus vidas, ¡y él no había tenido prácticamente que pensar lo que quería! Él estaba tan acostumbrado a que ella le dijera que hacer, a donde ir, con quien... y así, fue olvidando sus propias necesidades, y se dio cuenta de que tenía miedo de tomar cualquier decisión sin el apoyo de Rose.

"¡Por el amor de Dios!, ¡esto es humillante!, como si fuera una especie de molusco que no tiene su propia opinión ¿Cómo me he transformado en esto? No tengo ni idea de cómo me he convertido en alguien tan adicto. ¡Qué horror! No tengo confianza en mí mismo. ¿Cómo he permitido que tal estupidez me ocurriera a mí? La amo, sí, ¡pero es como si hubiera perdido mi identidad! Puede ser que por eso Rose me envió aquí."

Sí, y fue por esta razón por la que Santiago siguió visitando a Ina. Ya sabía él mismo que le ocurría, y fue revelador para él. Le sirvió tanto expresar lo que llevaba dentro que casi él solo se recuperó, y lo hizo tan rápido, que solo necesitó la ayuda de Ina durante 3 meses. Entonces mostró su verdadero talante: confiado, inteligente, enérgico e incluso un pintor algo arrogante.

MÓDULO 15

RECUPERANDO LA AUTOESTIMA PERDIDA

La autoestima es la valoración que tienes de ti mismo, el aprecio a tu personalidad, tu actitud y tus habilidades, los cuales son la base que va unida a tu imagen personal. La autoestima es la manera en la que te sientes contigo mismo, el autorrespeto y la autoaceptación. Es un estado mental que varía desde la cobardía hasta el exceso de confianza. La autoestima tiene una función reguladora respecto a tus decisiones, elección de amigos, y gente con la que comunicarte y colaborar.

Determina la forma en la que piensas sobre ti mismo y como llevas la opinión de los demás sobre ti. Es la forma en la que te estimas a ti y a tus habilidades, y entender lo importante que eres y las cualidades que posees. La imagen real de ti mismo, un conciso sentido del yo, es algo que ayuda a construir tu autoestima, lo que a su vez te ayuda a realizarte profesional, personalmente, y en tu vida diaria.

Sin embargo, la baja autoestima también está presente en aquellas personas que no han sabido entender lo importante y valiosos que son, y todas las cualidades que poseen como personas únicas y exclusivas. Y entonces, podríamos preguntarnos la pregunta hasta ahora más importante de este curso:

¿POR QUÉ PERDEMOS NUESTRA AUTOESTIMA?

Las personas con baja autoestima han escuchado la opinión o el abuso de los demás hacia ellos y se lo han creído, tomándolo como la verdad y la realidad, incorporándolo a su mente y por lo tanto, a su forma de ser y de pensar. Viviendo de esta manera una vida de mentiras y abusos que tú mismo te repites, incluso cuando ya nadie a tu alrededor dice nada en contra de ti, tú sigues con la mentira. Las personas con baja autoestima son inseguras respecto a sus habilidades y les cuesta enfrentarse a los retos de la vida a pesar de que no carecen de estas habilidades y aptitudes necesarias. La baja autoestima es más a menudo expresada a través del miedo, indecisión, evasivas, falta de iniciativa e incluso la autodestrucción.

Otras personas demuestran confianza, la cual puede ser una señal de protección, diseñada para ocultar sus sentimientos de inferioridad. Dicha gente quiere ser el centro de atención y mandar sobre el resto. Satisfacen sus necesidades transfiriéndolas a otra persona y pidiéndole que lleve a cabo acciones concretas para satisfacerlas. Crean una ilusión en la que son conocedores y capaces, demuestran confianza, creen que son mejores que el resto, pero no reconocen sus errores. En el fondo, ellos saben que algo anda mal, hay un desacuerdo entre la imagen que tienen de sí mismos y lo que realmente son, y lo expresan a través de su egoísmo, vanidad y arrogancia.

También, es posible que ciertas características basadas en el aspecto, el peso, la altura, etc., sean unos prerrequisitos para una baja autoestima. Algunas personas (mayoritariamente mujeres) justifican su falta de confianza diciendo que son feas, gordas, que no tienen dinero, etc. Esas personas no buscan la razón en sí misma, sino en las circunstancias y en otras personas. Por otra parte, si

ELÍAS BERNTSSON e INA ARAKCHIYSKA

tienes posesiones materiales importantes y crees que eso determinara tu confianza, significa que tu autoestima depende del sistema de valores.

La baja autoestima acompaña a la persona en su relación con sus seres queridos, amigos, extraños, y generalmente en relación a los roles sociales que desempeña. Sabiendo esto, sepamos:

¿CÓMO SUPERAR LA BAJA AUTOESTIMA?

Debes aprender a vivir, a analizar el éxito y el fracaso, y a manejarte en la vida. Como consecuencia, obtendrás la confianza para lidiar con las dificultades que pueden presentarse en cada área de tu vida. Sigue estos pasos a continuación, pueden ayudarte a recuperar tu autoestima perdida:

1. Respeta tus necesidades.

A veces tienes que ser egoísta, quiero decir, es bueno aprender a anteponer tus necesidades antes que la de los demás. Determina lo que quieres y consíguelo. Así, aunque tengas dificultades para lograr tus objetivos, tendrás confianza en ti mismo.

2. Haz hincapié en lo positivo.

Puede ser una tarea difícil, y más aún cuando se aplica a cosas que te han horrorizado, preocupado, o interferido en tu camino de llevar una vida normal, pero mientras más busques lo bueno en tu mundo interno y a tu alrededor, descubrirás aún más cosas buenas. Y mientras más positivo sea lo que encuentres, más confianza tendrás.

3. Mira las cosas desde otro ángulo.

A veces fracasar es otra manera de identificar en que eres bueno o no. En lugar de culparte y sentirte como un fracasado, concéntrate en tu talento, en lo que eres bueno. Es mejor que vuelvas hacia atrás y recuerdes todo aquello que has logrado y hasta donde te ha llevado. La vida es un cambio constante, como las estaciones del año, tú también cambias cada día que pasa. Y es importante como reaccionas antes los cambios, como los percibes, y veas que los cambios son buenos, y solo tienes que aceptarlos.

4. Haz cosas que te inspiren.

Es mucho más agradable hacer cosas que te hacen sentir bien y motivan tu creatividad. Tu sabes cuáles son esas actividades, es hora de empezar a desarrollarte en la dirección que quieres. La inspiración es importante para cada actividad que emprendes. Ya sea lavar los platos o ir a trabajar, salir con amigos o quedarte en casa leyendo un libro, no importa lo que sea, lo importante es que estés satisfecho con lo que hagas. Una actitud positiva en tu acción incrementará tu autoestima a medida que cumplas tus necesidades, deseos y oportunidades.

5. ¡No persigas la perfección!

Perseguir la perfección solo provoca emociones negativas, ya que en la gran mayoría de los casos no existe de la forma en que se desea, pues esa extrema perfección es imposible, irreal y conflictiva. Es bueno saber que eres perfecto justo como eres, y que dejes que esta verdad entre en tu mente. Cuando llegues a la conclusión de que tu cuerpo y tu mente, con todas sus cualidades y sus fallos son perfectos, tendrás una imagen real de ti mismo. Entonces dejarás de subestimar tus capacidades, de tener una imagen negativa, y de intentar cambiar tu naturaleza. Solo entonces podrás decir que tienes una verdadera autoestima.

CONSEJOS PRÁCTICOS

1. Detén el estrés innecesario.

Quiero hacer una aclaración, con estrés innecesario me refiero al que te provocas a ti mismo. ¿Cuándo ocurre esto? Cuando asumes tareas que no puedes realizar o se escapan a tus capacidades, o cuando te preocupa decir NO. Cuando te repites a ti mismo que no eres capaz de realizar una tarea que está dentro de tus facultades, cuando no haces lo que quieres por miedo a lo que piensen los demás, o cuando te guardas tus sentimientos o emociones que no hacen daño a nadie si los muestras. Todo esto es una parte de tus pensamientos que tienen un impacto negativo en tu mente, ¡detenlos! No los necesitas, puedes vivir sin esos pensamientos negativos, seguramente tu vida sería maravillosa sin ellos.

Si al practicar esto, llegas a dudar de ti mismo, tómate un minuto para detener el pensamiento negativo al principio, antes de que te haga daño. Puede que no sientas el estrés que esos pensamientos producen dentro de ti, pero después de un tiempo, te puedes sentir abatido por todo lo que te vino antes a la cabeza. Practica esto: Elimina esos pensamientos por su contrario; "sí, lo haré", "no, lo siento, no me siento preparado para esta tarea". Tal rechazo puede ser visto como una incapacidad o una irresponsabilidad por tu parte, pero debes ser consciente de que manifiestas mucho valor al rechazar una tarea que no deseas realizar o no es compatible contigo.

2. ¡Ayuda a los demás, para así ayudarte a ti mismo!

Seguramente alrededor tuyo hay por lo menos una persona que sufre de baja autoestima. ¡Intenta ayudarle! Habla con él o ella de sus problemas, del origen de su baja autoestima y de las formas en las que puede superarlo.

Cuando te enfocas en los problemas ajenos y en cómo ayudar para resolverlos, inconscientemente empiezas a ayudarte a ti mismo. Porque primero de todo, tienes la satisfacción de haber ayudado a alguien, y segundo, porque es muy probable que encuentres formas para incrementar tu autoestima al haber visto un problema resuelto. Como se suele decir: ¡dos pájaros de un tiro!

3. Toma la iniciativa.

La comunicación entre las personas es una de las cosas más importantes en la vida de alguien, ya que se transmite a través de pensamientos, sentimientos, opiniones e información. Pero a veces hay que tomar la iniciativa, por ejemplo, imagina que vas a un club y ves a alguien que te gusta. Si escuchas a tu baja autoestima, te sentarás al final del local, y te quedarás mirando aquello que deseas.

Ahora imagina que esa persona que te gusta también sufre de una baja autoestima y también le gustas. La imagen sería esta: tienes a dos personas que se gustan, ¡pero ninguno de los dos se molesta en iniciar una conversación por miedo!, bueno, ¿crees que eso es justo para tus sentimientos y emociones? Quizá sea mejor tomar la iniciativa y dar el primer paso ¿no crees? Imagina la satisfacción que sentirás tras un tiempo cuando le cuentes a alguien cómo empezaste la relación con tu pareja, que por esa decisión que tomaste ahora estáis juntos.

4. La autoestima puede protegerte.

¿Te ha pasado que alguien te pisa el zapato mientras caminas y no se disculpa, y sin embargo tú te sientes avergonzado de la situación? ¿O alguien que te empuja y luego se sube a tu taxi? ¿O tal vez querías ver una película de acción, pero tu pareja quería ver una película romántica y accediste de inmediato? ¡Imagina todas esas situaciones en las que te has ignorado a ti mismo, o fuiste humillado y no hiciste nada! En todas esas situaciones actuaste en contra de ti mismo, gracias a tu baja autoestima.

¡AHORA es el tiempo de aprender a valorar tu opinión, de respetar tus necesidades y de hacerte respetar! Practícalo en cada situación en la que lo necesites, si lo haces bien, sentirás como una sensación de seguridad invade tu cuerpo, lo sé porque lo he vivido. Y si no te sale la primera vez, habrá una segunda, tercera y las veces que hagan falta. Lo que cuenta es que aprenderás a hacerlo, estoy seguro. Por supuesto, esto ocurre cuando empiezas antes que todo a respetarte a ti mismo.

LA HISTORIA DE LUCRECIA

Lucrecia era una mujer de unos 20 años con todo el futuro por delante. El problema era que no podía vivir en el presente y no se atrevía a soñar con el futuro. He aquí su historia:

"Mi problema es que tengo una autoestima muy baja. ¿Te puedes creer que tenía miedo de salir con amigos e ir a la cafetería porque me preocupaba ver a chicas guapas? Me da miedo ir porque imagino que piensan -mira esta fealdad, ¿cómo se atreve a venir y aparecer entre la gente?- cuando voy por la calle y veo a alguien que conozco, casi siempre agacho la cabeza y evito saludarle porque creo que se avergüenzan de conocerme. La frase siempre aparece en mi mente -¿Cómo puedes conocer a esta chica?- ¡Y luego me da por pensar que soy fea por fuera y por dentro! ¡No logro encontrar nada atractivo en mí!"

Ya con esta breve historia estaba claro que Lucrecia realmente sufría de baja autoestima, la pregunta era ¿a qué se debía esto? Ina le pidió que le contara un poco acerca de su vida antes de empezar a no gustarse.

"No hay nada interesante en mi vida. Crecí y estudié en mi pueblo. Vivíamos juntos yo, mis padres, y mis abuelos por parte materna. Nunca hemos sido una familia muy próspera. Llevaba la misma ropa incluso estando rota, e iba al colegio a pie, ya que no teníamos dinero para pagar el autobús o para una bicicleta. En realidad cuando lo pienso, no tengo muchos recuerdos de esa época... solo... recuerdo cómo mi abuela le gritaba constantemente a mi madre diciéndole que hizo mal en casarse demasiado joven, ella era la reina del barrio, y ahora parecía un espantapájaros. Le gritaba cuando mi madre no cocinaba bien la cena y le decía que no servía para nada. Mi abuela también era estricta conmigo, pero nunca me gritó. En general creo que todos en casa me han querido... pero ¿por qué yo no me quiero?"

Tras esas palabras quedó claro que la baja autoestima que tenía Lucrecia ¡no era suya en realidad! Más bien era percibida a un nivel subconsciente por las críticas que su abuela le hacía a su madre. Entonces Ina empezó a tratar a Lucrecia con lo más importante, averiguar: ¿Quién era Lucrecia? y ¿cuál era el verdadero rostro de esta chica de 20 años?

Tras varios encuentros con Ina, Lucrecia llegó por sí misma a la conclusión de que no había razón para su baja autoestima, y que en realidad se debía a las críticas de su abuela a su madre. Al darse cuenta de esto, se quitó una gran carga de sus hombros y empezó a explorar su propia personalidad. Lucrecia era una persona muy positiva que se había estado ocultando tras la incertidumbre por muchos años. Muy pronto vislumbró la maravillosa vida que podría llevar gracias a su autoestima renovada y fortalecida que adquirió tras conocer a su verdadero YO.

OBJETIVO FINAL

Hemos llegamos al final de la tercera y última parte del curso. Estos son mis consejos finales para esta última parte. Tu tarea será como hasta ahora, la de repasar los puntos que más te han motivado y en los que más te has identificado. Revísalos y escríbelos en tu libreta.

Comenzamos:

1. Ve anotando (como hasta ahora has estado haciendo), los ejercicios que te sirven a ti personalmente, pasos de la sección del "Cómo", "Consejos Prácticos", o ideas que te surjan de la sección de historias, por ejemplo, o tus propias ideas. Te recomiendo tomarte un día o dos, o los que te hagan falta para leer o escuchar de nuevo esta tercera parte y estar seguro de entender toda la información. Anota en tu libreta especial frases, acciones, ejercicios que se plantean o las ideas que te surgen de esos puntos, pero te repito, solo apúntalos porque crees o sabes que puedes realizarlos y porque sabes que te van a ayudar.

2. Y de nuevo el paso MÁS IMPORTANTE. Te voy repitiendo todo esto porque es primordial que

actúes y no te quedes con los brazos cruzados, puedes conseguirlo, ¡vamos! Durante toda la semana, exactamente 7 días, realiza al menos una tercera parte de las acciones, ejercicios o ideas que tengas, proponte tomar acción en lo que sabes que te va a ayudar a superar ese miedo o problema por el que estás pasando.

3. Durante esa semana, debajo de los puntos que escribiste, escribe cada éxito personal que obtuviste, cada pensamiento que te liberó, cada sensación de libertad que sentiste, cada acción que tomaste que te hizo sentir bien. Apunta, por ejemplo, una acción que tomaste la cual hizo que aceptaras tu físico, algo que dijiste o pensaste que hizo olvidarte de tus preocupaciones, algo que hiciste para recuperar tu autoconfianza, etc. Lo que sea que te hizo bien.

4. Sigue apuntando pensamientos y victorias que tienes en tu día a día. Porque te servirán para no caer de nuevo en la trampa de tus pensamientos autodestructivos. Cuando enfrentes la misma situación y te acuerdes de cómo lo superaste, tendrás controlado cada punto en el que te sentías débil. ¡Sé tu mejor amigo y confía en ti mismo! Hasta aquí los 3 objetivos finales de las 3 secciones del curso, ten siempre tu libreta como tu guía personal, y sigue aprendiendo con ella y mejorando.

CONCLUSIÓN

Hemos caminado a lo largo de las 15 claves para una autoestima indestructible, por el camino del descubrimiento de tu verdadera naturaleza, y creo que es hora de dejar de leer por el momento y salir a la calle si aún no lo has hecho. Obsérvate a ti mismo mientras estás rodeado de personas diferentes, encuentra tu lugar en este mundo, pero hazlo con dignidad. Porque ya posees el poder más grande que te puede garantizar una vida única y completa: TU AUTOESTIMA. Cuida de ella, porque ella te cuidará a ti, sobre todo, sé realmente feliz.

Espero que ahora tus temores y obstáculos se hayan disipado aunque sea un poco, y que sobre todo veas ahora una ráfaga de luz hacia el camino de tu libertad, libertad para ser tú mismo y no ser una copia de nadie, y sentir que AHORA eres tú, porque así debe ser. Has aprendido muchos conceptos en cada tema que hemos tratado en cada módulo, compartimos contigo información muy valiosa y por ello no quiero que leas este curso una vez, sino que lo leas varias veces y te detengas a analizar y a tomar consciencia del valor que tiene cada parte del libro, cada paso mencionado.

Primero que nada lee otra vez el libro detenidamente, analiza cada consejo que te damos, cada ejemplo o ejercicio. Va a valer la pena que aprendas y recuerdes lo que te hemos enseñado, créeme. Tu meta es ser totalmente libre, y lo vas a alcanzar.

Te hemos dado las herramientas, y explicado exactamente que es lo que tienes que hacer, únicamente depende de ti tomar acción y actuar. Ya no depende de nosotros, depende únicamente de ti.

Gracias por leer este libro, y de verdad te deseo libertad y éxito.

Te mando un fuerte abrazo,

tu amigo,

RECOMENDACIONES FINALES

Quiero dejarte una lista de libros que yo personalmente te recomiendo muy sinceramente que leas, porque de estos libros vas a seguir encontrando inspiración y una nueva forma de ver tu vida.

"Sé" que estos libros van a serte de GRAN ayuda y apoyo para seguir manteniendo y aumentando tu AUTOESTIMA.

UNA VIDA SIN LÍMITES

El libro inspirador de un hombre extraordinario.

«De verdad creo que mi vida no tiene límites. Quiero que tú sientas lo mismo respecto a tu existencia sin importar cuáles sean tus retos y tus obstáculos. Antes de comenzar este viaje juntos quiero que dediques un tiempo a pensar en las limitaciones que tú te has impuesto o aquellas que otros han puesto en tu camino. A continuación piensa cómo sería sentirse libre de esas limitaciones. ¿Cómo sería tu vida si cualquier cosa fuera posible?».

Nick Vujicic

LAS MUJERES QUE AMAN DEMASIADO

Cuando estar enamorado significa sufrir, es que estamos amando demasiado. Cuando la mayoría de nuestras conversaciones con amigas íntimas son acerca de él, de sus problemas, ideas, acciones y sentimientos, es que estamos amando demasiado.

Cuando disculpamos su mal humor, su indiferencia y sus desaires e intentamos justificarlos, es que estamos amando demasiado. En este libro, del que ya se han vendido más de tres millones de ejemplares, Robin Norwood ayuda a las mujeres adictas a esta clase de amor a reconocer, comprender y cambiar su manera de amar.

QUERERME MÁS

¿Cómo me siento conmigo mismo? ¿Cómo está mi autoestima? Más tarde o más temprano todos nos hacemos estas preguntas para cambiar el rumbo de nuestras vidas y salir al cruce de aquello que nos hace daño o simplemente para reafirmarnos y llegar todavía más lejos. Por eso en este libro analizaremos ese mar de interrogantes al que nos enfrenta el tema de la autoestima: La validación. Como se manifiesta una estima sana. Palabras que rebajan. Fe y autoestima.

El propósito de "Quererme más" es brindarnos las herramientas necesarias para orientarnos en esos momentos en los que nuestra estima está dañada, amenazada o bien cuando necesitamos reorientarla para alcanzar nuevos y mejores objetivos. Es así como Bernardo Stamateas nos entrega estas ideas prácticas para sanar y fortalecer nuestra autoestima. Un libro vital e indispensable porque es únicamente con esa coraza entera que podremos resolver cualquier obstáculo, crecer y sentirnos en paz y mejor con nosotros mismos.

MI CUERPO, MI CÁRCEL

Cómo dejar de pelearnos con nuestro cuerpo y hacer las paces con él.

Este libro te ayudará a que puedas descubrir cuáles son las causas que te llevan a intentar solucionar tus problemas a través de la comida y explicarte por qué es que la belleza no depende de lo que la cultura te muestra, sino de que tu estima esté sana y no tengas que depender de la opinión de los que te rodean.

"Mi Cuerpo, mi Cárcel" de Alejandra Stamateas, está basado en talleres y conferencias donde cientos de mujeres asistieron para sanar su estima y poder ser la mujer que realmente quieren ser".

ÍNDICE

Nos encuentras en:

www.mestasediciones.com

15 CLAVES PARA UNA AUTOESTIMA INDESTRUCTIBLE

Consejos, ideas y ejercicios prácticos
para sanar y mejorar la autoestima